워케이션 가이드북

12개 도시 워케이션 AtoZ

목차

들어가며

워케이션 준비하기

목적지

  강릉 10

  제주 30

  부산 60

  강화 78

  거제 98

  고성 116

  공주 130

  속초 146

  통영 162

  장흥 178

  여수 190

  치앙마이 202

인터뷰

들어가며

2021년 여름, 워케이션을 처음 접했던 때로 돌아가 본다. 직장인으로 주 2회 재택근무를 하고 있었다. 주말과 휴가를 붙이면 일주일 정도 회사에 출근할 필요가 없었다. 여행을 좋아하는 사람이 떠날 기회를 놓칠리 없다. 노트북을 들고 서울에서 가능한 멀리 떠나보기로 했다.
여수를 가기로 했는데 준비가 만만치 않았다. 키보드를 마음껏 두드릴 수 있는 높이의 테이블과 오래 앉아 있어도 편안한 의자가 있는 숙소를 찾아야 했다. 그렇다고 비즈니스호텔을 가고 싶진 않았다. 여행을 갔으니 적어도 오션뷰가 있거나 특별한 경험을 할 수 있는 숙소에 머무르고 싶었다. 카페도 마찬가지였다. 여행지까지 가서 스타벅스를 가고 싶진 않았다. 허리를 굽히지 않아도 되는 테이블과 콘센트를 사용할 수 있는, 그 지역만의 카페를 찾아 헤맸다.

검색 결과 페이지 마지막에 닿았을 때 깨달았다. 워케이션을 계획하는데 엄청난 수고가 들어간다는걸. 원하는 정보가 없으니 직접 만들기로 만들기로 했다. 지난 일년 반 동안 노마드맵 채널(@nomadmap_)을 운영하며 워케이션을 다녔다. 일하는 여행자의 입장에서 12개 도시를 경험하고 워케이션 정보로 정리했다. 워케이션을 원하는 사람들이 훌쩍 떠날 수 있으면 좋겠다.

지금은 워케이션이 특별한 단어로 받아들여진다. 하지만 5년 후, 10년 후에는 원하는 곳에서 일하고 살아가는 삶이 자연스럽게 받아들여지지 않을까. 새로운 시대를 기대하며 오늘도 워케이션을 떠나본다.

@nomadmap_

워케이션 준비하기

무엇을 챙길까?

워케이션을 떠나면 새로운 업무 환경에 적응해야 한다. 평소 업무 환경을 그대로 옮겨가면 좋겠지만, 배낭과 캐리어의 크기는 정해져 있다. 워케이션에 갈 때 챙겨가면 좋을, 업무 효율을 높여주는 아이템을 소개한다.

일단 워케이셔너라면 노트북은 필수로 챙길 것이다. 여기에 거북목을 방지해 주는 가벼운 거치대를 챙기면 좋다. 카페에서 일하길 좋아한다면 노이즈캔슬링 헤드폰을 추천한다. 주변 환경에 영향을 받지 않고 집중력을 높일 수 있다. 외부에서 일을 할 때면 콘센트 사용도 쉽지 않다. 급속충전기를 챙겨서 가능할 때 배터리를 완충해놓자. 코워킹 공간이 있는 워케이션 숙소에 간다면 슬리퍼를 챙겨보자. 공간을 오고갈 때 편리함을 더해준다. 마지막으로 원하는 책을 언제든 열어볼 수 있는 이북리더기도 워케이션에서 빠질 수 없다.

워케이션 체크리스트

워케이션에서는 일과 여행을 양손에 쥐어야 한다. 아무리 멀티태스킹에 능하더라도, 한 번에 두 개의 공을 굴리는 건 쉬운 일이 아니다. 아쉬움이 남지 않는 워케이션이 될 수 있도록 체크리스트를 만들었다. 워케이션을 준비하며 아래 항목을 확인해 보자.

Check List

- ◯ 일과 여행의 비중 정하기
- ◯ 업무 목록 작성하기
- ◯ 업무 공간 찾기
- ◯ 숙소 테이블 확인하기
- ◯ 휴식 시간 정하기

유용한 앱

에어비앤비
검색 필터에 '업무 전용 공간'이 있어 워케이션 숙소를 찾기 편리하다.

리브애니웨어
일주일 이상 장기 숙박 시 할인된 가격으로 예약할 수 있다.

프립
다양한 워케이션 패키지 상품을 특가로 판매한다.

쏘카
할인 쿠폰을 이용하여 활동 범위를 넓힐 수 있다.

어디로 갈까?

워케이션 가이드북에서는 12개 도시를 소개한다. 서로 다른 매력을 가진 도시인 만큼 도시별 워케이션마다 특징을 담아내었다. 문답을 따라 자신에게 잘 맞는 도시는 어디일지 찾아보자.

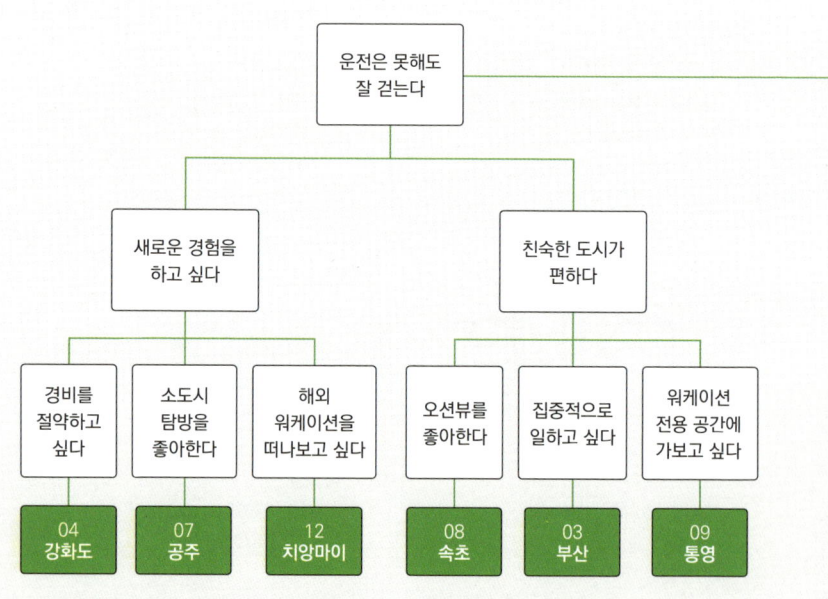

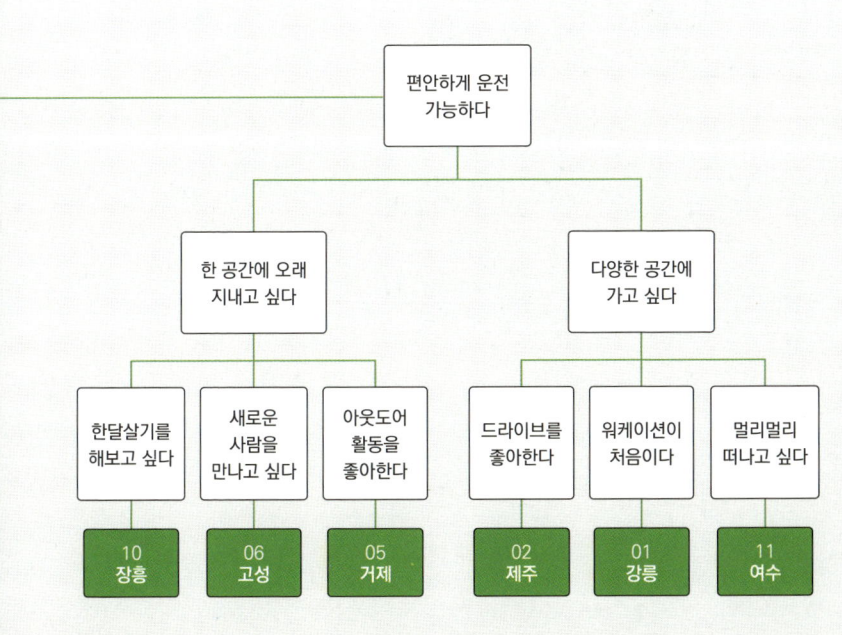

강릉
Gangneung

처음 강릉
위크엔더스 워케이션
강릉 워케이션 리스트
일하기 좋은 공간
추천 맛집
즐길거리
추천 코스

01

Prologue

처음 강릉

워케이션이 처음이라면, 강릉이 매력적인 선택지가 될 수 있다. 여행에 서툴다할지라도, 강릉역에 내리는 순간 알 수 없는 노련함이 고개를 들 것이다. 알다시피 강릉은 서울에서 접근성이 좋으면서, 풍부한 여행 자원을 갖춘 도시다. 차가 있든 없든 어렵지 않게 곳곳을 누빌 수가 있다.

강릉은 워케이션 문화에 앞장서는 도시이기도 하다. 지난 2022년 10월, 강릉은 한국 최초로 쉼과 결합한 워케이션 페스티벌을 개최했다. 로컬기업 더웨이브컴퍼니와 위크엔더스에서는 상시로 워케이션 프로그램도 진행하고 있다. 현재 강릉에서 워케이션은 잠시 반짝하는 유행이 아니라, 어엿한 문화로 자리 잡고 있다. 마음의 채비를 마쳤다면, 강릉으로 첫 번째 워케이션을 떠나보자.

위크엔더스
워케이션

Info 강릉시 율곡로2868번길 1
1박 35,000원 (도미토리)

위크엔더스는 강릉 시내를 기반으로 한 워케이션 인프라를 갖추고 있다. 로컬 베이커리에서 만든 두부 스프레드와 베이글을 조식으로 먹고, 제휴된 동네 카페에서 일을 한다. 저녁에는 1층 바에 앉아, 게스트들과 자연스레 담소를 나누기도 한다. 위크엔더스 워케이션 프로그램은 서두르지 않는다. 그러나 천천히, 동네 곳곳을 은근하게 연결한다. 여행자들이 편안하게 강릉을 경험하고, 스며들게 만든다.

숙소는 어떨까?

위크엔더스는 50년 된 여인숙을 개조한 커뮤니티 호스텔이다. 1층은 로비 겸 바(Bar)로 운영되는 '브로큰하츠클럽'이다. 내부는 라탄 소품과 식물로 꾸며져 제법 발리 분위기가 난다. 숙박객은 따로 주문을 하지 않아도 1층 공간을 자유롭게 이용할 수 있다. 2층에는 네 개의 방이 가운데 중정을 둘러싸고 있다. 더블룸, 4인실, 5인실, 그리고 스탭방이 있다. 다인실에는 침대마다 두툼한 커튼이 달려있어 아늑하게 이용할 수 있다. 오래된 건물이라 곳곳에 세월의 흔적이 보이지만 그래서 오히려 운치 있다.
리트릿 프로그램을 주축으로 하는 게스트하우스라 전반적으로 차분한 분위기다. 여럿이 모여 왁자지껄 놀기보다는 혼자만의 시간을 가지고 싶은 여행객이 주를 이룬다. 체크인 시간은 오후 5시부터지만, 체크아웃은 오후 1시로 여유로운 편이다.

워케이셔너를 위한 웰컴패키지

워케이션을 예약하면 웰컴패키지를 받는다. '웰니스 워케이션(Wellness Workation)'이 적힌 주머니 안에는 네 장의 카드, 연필 세 자루, 미니노트, 티백이 들어있다. 먼저 눈길이 가는 건 워케이션과 관련된 질문 카드다. 일에 대한 질문, 휴식에 대한 질문, 자신에게 보내는 응원의 메시지, 이번 워케이션의 목표까지 알차게 구성되어 있다. 동행자가 있다면 대화 카드로 사용해 봐도 좋겠다. 티백 역시 여행자에게는 특별하게 느껴진다. 다크한 커피 향과 시나몬 향이 나는 '커피거리' 티백은 로컬 티전문점 '차리프'에서 만든 블렌드 티다.

Eat Local

위크엔더스에는 호텔 조식 부럽지 않은 로컬 푸드가 나온다. 테마는 강릉 대표 음식인 두부다. 남대천 새벽시장에서 사 온 순두부를 따끈하게 담아주고, 두부 스프레드가 발린 베이글이 나온다. 그리고 다섯 종류의 과일과 착즙 주스까지 더해 비타민도 챙긴다. 매일 아침을 건강하고 맛있는 조식으로 기분 좋게 시작할 수 있다.
조식 시간에는 특별한 음악도 재생된다. 즉흥 연주로 유명한 키스 자렛(Keith Jarrett)의 음악이다. 그가 순간에 집중하여 선율을 만든 것처럼, 이곳에서의 아침을 오롯이 느껴보라는 의미가 담겨있다.

리트릿 프로그램

워케이션 기간 동안 리트릿 체험 프로그램에 한 번 참여한다. 다도, 왁스타블렛&캔들 만들기, 티코스, 서프아트 중에 선택 가능하다.

차리프의 티코스는 계절에 어울리는 티와 페어링 디저트를 함께 맛볼 수 있는 프로그램이다. 가을 시즌에는 '풍류'를 주제로 고상하고 운치 있는 코스가 준비되었다. 영롱한 색을 지닌 차와 먹음직스러운 디저트가 어우러져 눈과 입이 즐거운 시간을 가졌다. 세세한 설명이 제공되므로, 차와 친하지 않아도 끄덕이며 즐길 수 있다. 토마토 카프레제와 대홍포로 가볍게 시작하다가 끝에는 탄산감 있는 티 칵테일로 마무리하는 균형감도 좋았다.

소중한 사람을 데려오고 싶다는 생각이 내내 들 정도로 만족스러운 페어링 코스였다. 시즌마다 페어링이 달라진다고 하니 다른 계절에도 방문해 보고 싶다.

강릉을 테마로 한 블랜딩티도 여행자의 마음을 설레게 만든다. 미드나잇 강릉, 레이디 난설헌, 카페거리. 이름마저 강릉답다. 지역의 스토리가 담긴 티코스라 더욱 매력적으로 다가왔다.

미드나잇 가든   레이디 낭만전   커피거리

아비오호텔 (일로오션 워케이션)

강릉 워케이션 리스트

위크엔더스 워케이션

위치	강릉 시내
가격	1박 35,000원
운영	위크엔더스

일로오션 워케이션

위치	아비오호텔
가격	4박 490,000원
운영	더웨이브컴퍼니

파도의집

위치	송정동
가격	별도 문의
운영	더웨이브컴퍼니

일하기
좋은 공간

파도살롱
쾌적한 코워킹스페이스

강릉 구도심에 있는 코워킹스페이스다. 미팅룸, 개별 스탠드, OA 공간 등 작업 편리성을 신경 썼다. 파도를 연상케 하는 물결 모양의 데스크는 유연함을, 가지각색의 소파는 아이디어를 자극한다. 오션뷰는 아니지만 은행나무 뷰가 있어, 계절 따라 다양한 색을 만나볼 수 있다.

위치 강릉시 경강로 2023 2층
가격 원데이 15,000원

고래책방
대형 서점 & 북카페

북카페, 편집샵, 어린이책방, 전시장으로 지역 문화공간 역할을 한다. 지하부터 4층까지 공간이 넓어 부담 없이 노트북 사용이 가능하다. 추천하는 자리는 3층 창가 앞 테이블이다.

위치 강릉시 율곡로 2848
가격 아메리카노 4,500원

브로콘하츠클럽
하이볼 마시면서 일하기 좋은 바

주황빛 조명, 라탄 소품, 재즈 음악이 차분한 분위기를 만든다. 워케이션 프로그램을 운영하는 위크엔더스의 공간으로 혼술하며 일해도 어색하지 않다. 오픈하지 않는 날이 잦으므로, 방문 전 반드시 확인이 필요하다.

위치 강릉시 율곡로2868번길 1
가격 하이볼 7,900원

명주배롱
아날로그 주택 카페

오래된 주택에 들어선 아날로그 감성 카페. 2층에 오르면 다락방처럼 구석구석 숨겨진 자리가 나온다. 독립적으로 분리된 창가 자리가 많아 집중하기 좋다. 불긋한 배롱나무를 보며 노트북을 펼쳐보자.

위치 강릉시 경강로2046번길 10
가격 아메리카노 4,500원

추천 맛집

정선이모네식당

위치 교동
주메뉴 콧등치기
가격 9,000원

두딩

위치 교동
주메뉴 순두부푸딩
가격 4,500원

이진리

위치 교동
주메뉴 후추커피
가격 6,000원

원성식당

위치 명주동
주메뉴 짜장면
가격 5,500원

알로하케이크

위치 명주동
주메뉴 얼그레이쉬폰케이크
가격 6,000원

정커피

위치 임당동
주메뉴 핸드드립 커피
가격 5,000원

정선이모네식당

두딩

즐길
거리

오어즈

특징 아트 굿즈 판매 및 소품샵
가격 입장 무료
위치 교동

사유의 공간

특징 전세계 빈티지 소품샵
가격 입장 무료
위치 교동

경포호

특징 경포호 자전거
가격 시간당 20,000원
위치 초당동

강릉송정해수욕장

특징 송림 산책로와 백사장
가격 무료
위치 송정동

추천 코스

시내 코스

1. 위크엔더스
2. 고래책방
3. 정선이모네식당
4. 파도살롱
5. 알로하케이크
6. 원성식당
7. 브로큰하츠클럽

해변 코스

1. 일로오션 (아비오 호텔)
2. 토박이 할머니 국수
3. 초당타르트
4. 카페 뤼미에르
5. 리틀다이너
6. 버드나무브루어리

제주
Jeju

실패없는 워케이션
제주시 일대
성산 일대
남서쪽 일대
추천 코스

02

Prologue

실패없는 워케이션

누구와 가도, 언제 가도 실패 없는 섬 제주도. 여행 인프라가 완벽히 갖춰진 제주도에서 워케이션을 한다면 어떨까? 제주도는 기존의 풍부한 여행 자원을 발판 삼아 워케이션 도시로 자리매김하고 있다. 코워킹스페이스와 결합된 전용 숙소가 생겨나며, 유명 호텔에서는 객실 내 전용 업무 공간을 마련하기도 한다. 또한 편의점보다 카페가 많은 지역으로 일하기 좋은 카페를 찾기도 쉽다. 여기에 한라산부터 오름, 폭포, 해변까지 도처에 자연이 있어 언제든 쉼을 찾을 수 있다. 여행지를 넘어 워케이션의 성지가 되고 있는 제주도로 떠나보자.

* 제주 워케이션은 전용 업무 공간이 있는 숙소를 중심으로 제주시, 동쪽 성산, 남서쪽으로 나누어 소개한다.

제주시
일대

제주도는 면적으로 따지면 서울보다 3배 이상 큰 거대한 섬이다. 제주에 머무는 기간이 짧다면 제주시 워케이션을 추천한다. 제주시에는 호텔, 맛집, 카페가 오밀조밀 모여있어 이동 거리 걱정 없이 즐길 수 있다. 또한 시내 교통도 편리하여 뚜벅이 워케이셔너에게도 매력적인 선택지가 되어준다. 그렇다고 여행 분위기가 빠지는 건 또 아니다. 매일 밤 야시장이 열리는 동문시장, 비행기 이착륙 전망대 도두봉, 귀여운 말 등대가 있는 이호테우 해수욕장까지 볼거리도 다양하다.

원루프 제주

Info 제주시 흥랑길 15
원패스트립 (6박) 660,000원

공유 오피스를 운영하는 스타트업 원루프가 운영하는 워케이션 전용 숙소다. 공항에서 10분 거리 구도심 주택가에 있어 접근성이 좋다. 원루프 제주는 개별 화장실, 주방, 드레스룸까지 갖춰져 있어 장기 여행 숙소로도 부족함이 없다. 특히 작업용 데스크, 듀얼모니터, HDMI 케이블, 스탠드까지 구비해두어 최적화된 업무공간을 만들었다. 지하 주차장에 쏘카존이 있어 가볍게 드라이브를 다녀올 수도 있다.

베드라디오 도두봉

Info 제주시 서해안로 204
스탠다드 트윈룸 1박 6만 원대

제주공항 바로 뒤편에 있는 베드라디오 도두봉은 숙박료가 비교적 저렴한 편이다. 1박 평균 6만 원대로 조식, 명상, 해안도로 러닝 프로그램까지 무료로 제공한다. 추가 비용을 내면 요가 프로그램도 참여할 수 있다.
패밀리룸에만 작업 공간이 있는 건 아쉽지만, 1층 로비에 커다란 우드테이블과 멀티탭이 있어 업무를 보는데 불편함은 없다. 도두봉, 무지개 해안도로, 이호테우해수욕장도 걸어서 다녀올 수 있으므로 여행을 즐기기도 좋다.

일하기
좋은 공간

팜스테이션
활주로 앞 코워킹스페이스

전면에는 야자나무와 도두해안이 보이고, 오른쪽 창문으로는 5분마다 이륙하는 비행기가 보인다. 듀얼모니터 테이블, 소파자리, 탁구 테이블 등 자리 구성을 다양하게 하여 즐거움을 더했다. 화상미팅을 위한 폰부스도 1개 마련되어 있다. 간식 냉장고, 빈백, 루프탑까지 갖춰져 있어 리프레쉬하며 일하기 좋은 공간이다.

위치 제주시 서해안로 360-4
가격 4시간 이용권 10,000원

만사오케이
차분한 전농로 카페

독립서점처럼 차분한 분위기에 사장님까지 친절해서 단골이 되고 싶어진다. 카페는 협소한 편이지만 가운데 벽이 바깥쪽과 안쪽으로 좁은 공간을 분리한다. 카운터를 지나 안쪽으로 가면 은은한 빛을 내는 스탠드가 올려진 테이블이 나온다. 작은 카페지만 벽 양쪽으로 콘센트가 충분히 갖춰져 있다.

위치 제주시 전농로 81
가격 아메리카노 4,000원

에이바우트커피뷰 하귀포구점
제주 스타벅스라 불리는 카공 카페

에이바우트커피는 제주에만 38개 지점을 가지고 있다. 편리한 공간을 추구하는 에이바우트커피는 오래 앉아 있어도 배기지 않는 의자와, 허리를 굽히지 않아도 되는 테이블로 구성되어 있다. 전 좌석에서 콘센트를 사용할 수 있어 카공 카페로 유명하다. 하귀포구점을 비롯해 함덕점, 강정점은 제주 바다가 보이는 뷰를 자랑한다.

위치 제주시 애월읍 하귀12길 21-2
가격 아메리카노 2,900원

울트라마린
풍차해안 뷰 카페

운전이 가능하다면 제주 서쪽에 있는 울트라마린을 추천한다. 카페 1층에 성인 스무 명 정도가 앉을 수 있는 커다란 테이블이 있다. 엔틱한 테이블에 일정한 간격으로 콘센트와 스탠드를 설치해놓았다. 얼핏 보면 도서관 같지만 고개를 들면 신창풍차해안이 있다. 제주스러운 그 풍경은 제주도에서 워케이션 중이라는 걸 잊지 않게 만들어준다.

위치 제주시 한경면 일주서로 4611
가격 아메리카노 6,000원

추천 맛집

아베베 베이커리

위치 일도일동
주메뉴 크림 도너츠
가격 2,700원

커피파인더

위치 이도이동
주메뉴 브루잉커피
가격 5,000원

미화식탁

위치 삼도이동
주메뉴 1인 가정식
가격 8,500원

텐더로인

위치 삼도이동
주메뉴 텐더로인 샘플러
가격 13,000원

우진해장국

위치 삼도이동
주메뉴 사골해장국
가격 10,000원

바삭돈가스 애월해안도로점

위치 애월읍
주메뉴 바삭정식
가격 13,000원

ABEBE BAKERY

ABEBE BAKERY
오메기 품은 단팥빵
3.2

ABEBE BAKERY
한라산 1100고지
오메기 떡 쑥 크림빵
3.7

아베베 베이커리

커피파인더

즐길거리

제주동문시장
특징 매일밤 열리는 야시장
위치 이도일동

금능해수욕장
특징 맑고 여유로운 해수욕장
위치 한림읍

이호테우 해수욕장
특징 제주공항에서 가장 가까운 해변
위치 이호일동

도두봉
특징 공항 활주로가 보이는 노을 스팟
위치 도두일동

성산
일대

제주 동서남북 중에서 하나만 고를 수 있다면 주저 없이 동쪽 성산이다. 성산읍 일대는 생활권이 바다에 가까워서 어딜가나 들뜨게 된다. 바다 위에는 성산일출봉, 섭지코지, 우도가 얹어져 더없이 아름다운 비경을 연출한다. 성산일출봉 옆으로 뜨는 해돋이는 물론이고 광치기해변을 붉게 물들이는 매직아워까지 종일 눈을 떼지 못한다. 이제, 바다에 흠뻑 빠지는 성산 워케이션을 떠나본다.

추천
숙소

플레이스캠프 성산

Info 서귀포시 성산읍 동류암로 20
1박 14만 원대

플레이스캠프는 두 개의 객실을 합친 디럭스룸에 분리된 작업공간을 만들었다. 이전에도 가성비 좋은 여행자 숙소로 유명했는데 이제는 워케이셔너들도 즐겨 찾는 숙소가 되었다. 디럭스룸은 화장실을 사이에 두고 작업공간과 침실로 나뉘어져 있다. 덕분에 숙소에서 일하다가 슬금슬금 침대로 가려는 몸을 막을 수 있다. 방에서 일하는 게 답답할 때는 같은 건물에 있는 도렐 카페나 스피닝울프 데이라운지를 이용하는 선택지도 있다. 숙박객에게는 도렐 카페 10% 할인권, 스피닝울프 맥주 교환권을 제공한다. 워케이션인데 하루 종일 일만 하면 아쉬울 테다. 퇴근 후에는 침대에 누워 빔프로젝터로 영상을 보거나 스피닝울프 펍에서 시원한 생맥주를 들이키면 된다. 플레이스캠프에서는 자체적으로 영화의 밤, 아침 산책, 수상 레포츠 체험, 플리마켓 등 다양한 프로그램을 운영하고 있어 지루할 틈이 없다. 그야말로 일과 여행을 한 번에 할 수 있는 워케이션 숙소다.

일하기
좋은 공간

도렐 제주 본점
햇살 가득 들어오는 복층 카페

오픈 시간 8시 반부터 일하는 사람들로 가득하다. 지붕 모양으로 천장이 높게 나있어 개방감이 좋으며, 2층에 4인 테이블이 많아 여유롭게 일할 수 있다. 도렐이 처음이라면 시그니처 음료 너티클라우드를 마시자. 땅콩 크림 위에 에스프레소를 올린 중독성 강한 커피다.

위치 서귀포시 성산읍 동류암로 20
가격 아메리카노 5,000원

플레이스엉물
푸릇한 브런치 카페

구불구불한 길 안쪽에 자리한 플레이스엉물은 소박하고 빈티지한 인테리어로 종달리에 녹아들었다. 작은 정원과 높게 쌓인 돌담이 제주 감성을 가득 채워준다. 따스한 느낌의 원목테이블과 라탄 의자가 마음을 편안히 해준다. 노트북 하나 들고 혼자만의 시간을 보내고 싶을 때 들르기 좋다.

위치 제주시 구좌읍 종달논길 92
가격 아메리카노 5,000원

추천 맛집

월라라
- **위치** 성산리
- **주메뉴** 월라라 피쉬앤칩스
- **가격** 17,000원

성산물고기자리
- **위치** 성산리
- **주메뉴** 1인 모듬회
- **가격** 25,000원

제주츤츤핫도기
- **위치** 성산리
- **주메뉴** 흑돼지모짜핫도그
- **가격** 3,500원

보룡제과
- **위치** 고성리
- **주메뉴** 마늘바케트
- **가격** 2,500원

봉기네깡통구이
- **위치** 고성리
- **주메뉴** 제주흑생오겹 200g
- **가격** 13,900원

하도작은식당
- **위치** 하도리
- **주메뉴** 뇨끼
- **가격** 15,000원

즐길
거리

광치기해변

특징 매직아워마다 붉게
물드는 아름다운 해변
위치 고성리

페이보릿

특징 구경거리 많은 편집샵
위치 고성리

남서쪽
일대

연간 천만 명이 방문하는 제주도. 제주에서 한가로운 시간을 보내고 싶다면 남서쪽을 추천한다. 경사가 심한 남쪽 해안에는 해수욕장이 흔치 않아 인적이 드물다. 최남단 마을 모슬포에서는 가파도와 마라도까지 들어가는 배편도 있다. 사람들로 북적이지 않는 섬으로 멀리멀리 떠날 수 있다.

추천
숙소

오피스 제주 사계점

Info 서귀포시 안덕면 향교로 214
1박 125,000원

오피스제주 사계점은 조천점에 이은 두 번째 공간이다. 첫 번째 공간에서 얻은 경험으로 더욱 업그레이드된 워케이션 전용 숙소를 만들었다. 뉴워커에게 무엇이 필요할지 고민한 흔적이 곳곳에 보인다. '멀리서 오느라 고생했다'는 문장 한 줄, 의자와 색을 맞춘 콘센트, 두 가지 종류로 준비한 드립백, 침대 옆 핸드폰 거치대, 현관 앞 마스크걸이와 소지품 트레이, 넉넉하게 준비한 수건까지. 디테일이 끝도 없이 쏟아진다. 1층에 코워킹스페이스가 있는데도 객실 내에 작업공간이 마련되어 있다. 유튜브 플레이리스트를 재생시켜 놓고 스포트라이트 조명을 켜면 작업 분위기가 세팅된다. 일하고 싶은 마음이 불쑥불쑥 튀어 오르게 갖춰놓았다. 낮에는 창밖에 산방산도 보인다. 블루라이트로 피로해진 눈을 쉬어주기도 좋다.

저마다 집중이 잘 되는 환경이 따로 있다. 그래서 업무공간에도 다양성이 필요하다. 오피스제주 사계점 코워킹스페이스에는 마운틴 뷰 자리, 블라인드로 분리된 개인부스, 협업 데스크, 책장 옆자리, 누워서 일하는 자리 등 취향대로 고를 수 있게 선택지를 만들어놨다. 집중력이 떨어질 때마다 자리를 이동하며 환경을 바꾸기 좋다.

잼과 토스트가 무료로 제공된다. 부리또, 피자, 과자, 탄산음료 등 결제해서 먹을 수 있는 미니바도 있다. 커피 원두는 디카페인을 포함해 두 가지다. 늦은밤에도 디카페인 커피를 즐기며 일할 수 있다. 오피스제주 숙박객은 코워킹스페이스를 50% 할인된 금액으로 이용할 수 있을 뿐만 아니라 운영시간 외에도 자율적 이용이 가능하다.

일하기
좋은 공간

오라디오라
차분한 전농로 카페

창밖에 산방산이 걸려있는 카페다. 카페 곳곳에 있는 식물과 우드 인테리어로 제주 분위기를 느낄 수 있다. 카페 중심에는 대형 테이블이 있고, 유리가벽으로 분리된 안쪽 공간도 작업하기 좋다. 매장에서 직접 베이커리를 만드는 카페로, 빵은 물론이고 브런치 메뉴까지 맛있다.

위치 서귀포시 안덕면 사계로114번길 54-102 2층
가격 아메리카노 5,000원

사계생활
로컬여행자를 위한 공간

사계생활은 로컬여행자를 위한 콘텐츠 저장소다. 과거 농협으로 사용되었던 유휴건물을 로컬의 가치가 담긴 공간으로 재탄생시켰다. 2층에는 여행자센터, 코워킹스페이스, 북카페 등 방문자가 원하는 대로 사용 가능한 공간이 있다. 곳곳에 콘센트도 많아 노트북 업무에도 편리하다.

위치 서귀포시 안덕면 산방로 380
가격 드립커피 6,000원

추천 맛집

덤포
위치 상모리
주메뉴 마라쌀국수
가격 9,500원

멕시코니
위치 상모리
주메뉴 닭칼국수 (2인 이상)
가격 7,000원

잇뽕사계
위치 사계리
주메뉴 본카츠
가격 16,000원

짜이다방
위치 사계리
주메뉴 짜이
가격 5,000원

사계소희네국수
위치 사계리
주메뉴 고기국수
가격 9,000원

맛있는폴부엌
위치 저지리
주메뉴 카프레제 샐러드
가격 15,000원

사계소희네국수

맛있는풀부엌

즐길거리

산방산
- **특징** 유채꽃 만발 봄맞이 장소
- **가격** 유채꽃밭 1,000원
- **위치** 안덕면

오설록티뮤지엄
- **특징** 체험형 제주 녹차밭
- **가격** 입장 무료
- **위치** 안덕면

환상숲 곶자왈공원
- **특징** 제주 반딧불이 숲
- **가격** 성인 5,000원
- **위치** 한경면

가파도
- **특징** 3~5월 청보리밭
- **가격** 왕복 배편 14,100원
- **위치** 대정읍

추천 코스

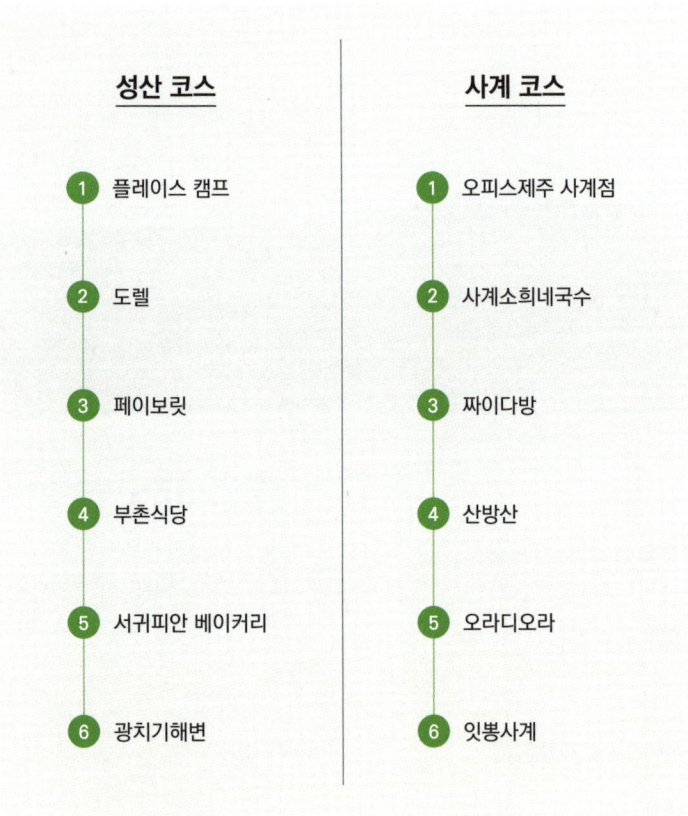

성산 코스

1. 플레이스 캠프
2. 도렐
3. 페이보릿
4. 부촌식당
5. 서귀피안 베이커리
6. 광치기해변

사계 코스

1. 오피스제주 사계점
2. 사계소희네국수
3. 짜이다방
4. 산방산
5. 오라디오라
6. 잇봉사계

부산
Busan

비즈니스 도시에서 워케이션 도시로
추천 숙소
부산 워케이션 리스트
일하기 좋은 공간
추천 맛집
즐길거리
추천 코스

03

Prologue

비즈니스 도시에서
워케이션 도시로

워케이션을 함에 있어서 일과 휴식의 밸런스는 개인마다 차이가 크다. 만약 업무의 비중이 큰 워케이셔너라면 부산을 추천하고 싶다. 부산은 비즈니스 생태계가 갖춰진 도시다. 비즈니스호텔, 매주 열리는 컨퍼런스, 노트북 작업이 가능한 수많은 카페가 즐비하다. 서울 못지않게 업무 친화적인데도 조금만 나서면 바다가 나온다. 역사, 축제, 예술 등 문화콘텐츠도 빠지지 않는다. 어디에나 부산을 대표하는 먹거리도 가득하니 워케이션하기 딱 즐거운 도시다.

추천 숙소

어반스테이 서면

Info 부산진구 중앙대로 752
1박 4~6만 원대

어반스테이는 저렴한 가격으로 풀 컨디션의 숙소를 제공한다. 부산에는 남포동, 서면, 연산 3개 지점이 있으며 1박에 4~6만 원 선으로 예약 가능하다. 전 지점이 접근성 좋은 역세권에 있어 부산 탐방을 즐기기도 좋다.

스튜디오형 숙소로 침실, 욕실, 주방까지 갖춰져 있다. 지점마다 테이블이 있는 객실을 두어 워케이셔너도 걱정 없다. 1박에 네스프레소 캡슐 2개가 제공되며, 넷플릭스 시청과 드럼세탁기 사용까지 가능하다.

어반브릿지 스테이유

Info 동래구 충렬대로237번길 28
1박 45,000원 (1인실)

어반브릿지는 부산 동래에 위치한 코리빙하우스다. 실제 거주민들이 있는 코리빙하우스에 두 개 객실을 숙박객 전용으로 운영 중이다. 어반브릿지 건물은 2층 카페 라운지유(Loung U), 3층 공유오피스 워크유(Work U), 5층 스테이 공간인 스테이유(Stay U)로 이루어져 있다.

객실은 침대, 선반, 화장실로 심플하게 구성되어 있다. 방 안에도 작업 가능한 테이블이 있지만 창밖이 빌딩으로 막혀있어 다소 답답한 느낌을 준다. 오래 작업을 해야 하는 경우라면 2~3층 공간을 추천한다.

부산송도호텔

Info 서구 송도해변로 97
1박 6만 원대

한적한 해변을 바라보며 워케이션을 즐기고 싶다면 송도해수욕장의 부산송도호텔을 추천한다. 100년 역사를 지닌 송도해수욕장 바로 앞에 있는 호텔로, 전객실 오션뷰다. 넓은 테라스에서 낮에는 케이블카가 떠다니는 오션뷰를, 밤에는 구름산책로의 야경을 구경하기 좋다. 객실에는 티 테이블뿐만 아니라 작업용 데스크가 별도로 마련되어 있다. 로비에서도 노트북 작업이 가능하다.

굿올데이즈호텔

Info 중구 중앙대로41번길 5
1박 150,000원

굿올데이즈는 1~2층은 카페, 3층부터는 스테이로 운영되는 복합공간이다. 객실에는 엽서와 문구류, 턴테이블, 핸드드립 커피 등 아날로그 소품이 여행자의 감성을 채워준다. 굿올데이즈는 업무상 편의도 놓치지 않았다. 방마다 긴 작업용 테이블과 조명, 사무용 의자가 준비되어 있다. 부산 굿즈가 담긴 웰컴기프트, 방문 앞에 걸어두는 조식, 무료로 제공하는 미니바까지 세심함이 엿보이는 호텔이다.

브라운핸즈 보수동

부산
워케이션
리스트

워케이션 IN 동부산

위치	해운대 및 송정 일대
가격	1박 90,000원
운영	부산관광공사

B.Startup 워케이션

위치	해운대
가격	기업전용
운영	부산창조경제혁신센터

폴리워크 워케이션

위치	아바니 센트럴 부산
가격	별도 문의
운영	폴리워크

더휴일 부산

위치	부산송도호텔
가격	1박 65,000원
운영	스트리밍하우스

일하기
좋은 공간

디캠프 스타트업라운지
듀얼모니터 사용 가능한 코워킹 공간

디캠프 스타트업라운지는 창업지원 기관인 디캠프에서 운영하는 시설이다. 부산역 2층에 20석 규모 라운지를 운영한다. 공간은 작지만 업무 효율을 높여주는 아이템이 완벽하게 구비되어 있다. 듀얼모니터, HDMI 케이블을 대여해주며 미니 바에는 커피, 캔 음료, 간식을 무료로 제공한다. 부산 시내가 보이는 전경도 시원하다.

위치 동구 중앙대로 210 부산유라시아플랫폼 A동 201호
가격 무료

구글 비스타트업 스테이션
부산역 무료 코워킹 스페이스

부산역 1층 왼편에 있다. 오픈 라운지, 코워킹테이블, 회의실, 포커스존으로 구성되어 있다. 무인으로 운영되며, 좌석에 붙은 QR코드를 스캔한 후 자유롭게 이용하면 된다. 자리마다 콘센트가 있어 충전 걱정도 없다. 구글 비스타트업 스테이션에서는 매주 창업 관련 프로그램이 다양하게 열린다.

위치 동구 중앙대로 210 부산유라시아플랫폼 B동 105호
가격 무료

북두칠성도서관
7개 별을 닮은 도서관

부산 워케이션의 정점을 찍은 도서관이다. 일도 여행도 사랑한다면 이만한 공간이 없다. 북두칠성도서관은 다른 도서관들처럼 무거운 공기를 가진 열람실이 아니다. 도서관에서 카페 같은 편안함이 느껴진다. 책에 둘러싸여 집중하다가, 뇌를 쉬어줄 때는 책을 펼치면 된다. 책 읽기로 휴식을 취하는 사람이라면 북두칠성도서관은 꼭 들러보자.

위치 동구 충장대로 160
　　　 협성마리나G7 B동 1층
가격 무료

노티스
부산항 앞 일하기 좋은 카페

노티스는 1950년대 쌀 창고로 이용하던 건물에 들어섰다. 붉은 벽돌로 쌓은 옛 건물에서 시간의 흔적이 느껴진다. 카페가 있는 2층으로 들어서면 창문 너머 부산항이 보인다. 한층 더 올라가면 폭이 긴 그림처럼 부산항이 걸려 있다. 여기서 일하기 좋은 자리는 2층 창가자리다. 테이블과 의자가 높아 고개만 옆으로 돌리면 부산항이 보인다.

위치 중구 대교로 135
가격 아메리카노 5,000원

씨씨윗북

영도 바다 뷰 북카페

흰여울마을 골목을 비집고 들어가면 베이지색으로 깔끔하게 칠해진 씨씨윗북이 나온다. 1층은 경제·경영, 2층은 인문학, 3층은 여행 서적으로 나누어져 있다. 3층이 단연 압권이다. 막힘없이 영도대교와 영도 바다가 보인다. 보기 드문 뷰를 가졌음에도 인원 제한이 있어 조용하다. 3층에 알맞은 높이의 테이블 세 개가 있으며 자리마다 콘센트를 사용할 수 있다.

위치 영도구 흰여울길 99
가격 1시간 이용권 5,000원

아트케이 송도점

송도해변 갤러리 카페

송도해수욕장 메리어트 호텔 2층에 있는 갤러리 카페다. 공간이 넓고 좌석이 큼직해서 편안하게 머물기 좋다. 쿠션감 있는 의자와 소파 좌석으로 오래 앉아 있어도 배기지 않는다. 벽면 테이블에서 콘센트 사용이 가능하다. 곳곳에 예술 작품이 걸려 있는 갤러리 카페로 창밖은 송도해수욕장 오션뷰다. 가격대가 높은 편이지만 케이크 하나는 꼭 먹어보길 추천한다.

위치 서구 송도해변로 113
가격 아메리카노 6,000원

아트케이 송도점

추천 맛집

아 그집
위치 서구
주메뉴 쌀떡볶이
가격 3,000원

송도코다리
위치 서구
주메뉴 코다리찜+가마솥밥
가격 10,000원

이가네떡볶이 본점
위치 중구
주메뉴 쌀떡볶이
가격 5,000원

거인왕돈까스
위치 영동구
주메뉴 뚝배기라면
가격 6,000원

모모스커피 본점
위치 금정구
주메뉴 핸드드립 커피
가격 6,500원

유가네가야밀면
위치 동래구
주메뉴 물같은비빔밀면
가격 7,500원

송도코다리

이가네떡볶이 본점

즐길 거리

청학수변공원

특징 차크닉 하기 좋은 공원
위치 영도구

부산송도해수욕장

특징 국내 1호 해수욕장
위치 서구

이기대해안산책로

특징 바다 따라 걷는 트레킹
위치 서구

전포카페거리

특징 부산 맛집거리
위치 부산진구

추천 코스

서면 코스

1. 어반스테이 서면
2. 버거샵
3. 전포카페거리
4. KT&G상상마당
5. 소인수분해

송도 코스

1. 부산송도호텔
2. 송도코다리
3. 부산송도해수욕장
4. 송도구름산책로
5. 아트케이 송도점
6. 아 그집

강화
Ganghwa

가볍게 워케이션
잠시섬 프로그램
강화 워케이션 리스트
일하기 좋은 공간
추천 맛집
즐길거리
추천 코스

04

Prologue

가볍게
워케이션

워케이션을 망설이는 이유 중 하나는 가격일 것이다. IT직군을 중심으로 워케이션 트렌드가 시작되어서일까. '워케이션은 비싸다'는 편견이 자리하고 있다. 하지만 워케이션에 반드시 큰돈이 들어가는 건 아니다. 해외여행에도 비용을 절약해 떠나는 배낭여행과 호화로운 럭셔리 여행이 있듯, 워케이션도 예산에 맞춰 떠날 수 있다.

가볍게 워케이션을 떠나보고 싶다면 강화도를 추천한다. 시내 중심에 5박 5만 원으로 지낼 수 있는 커뮤니티 게스트하우스가 있어, 숙소를 저렴하게 해결할 수 있다. 게다가 지역 특색을 살린 수많은 맛집까지 착한 가격으로 즐길 수 있다. 지금까지 비용 문제로 워케이션이 부담스럽게 느껴졌다면, 강화도로 걸음을 옮겨보자.

잠시섬
프로그램

Info 강화읍 강화대로368번길 6 2층
2~5박 50,000원 (도미토리)

잠시섬 프로그램은 '잠시 일상을 멈추고 강화섬을 탐색하자'는 의미로 기획되었다. 워케이션 전용으로 기획된 프로그램은 아니지만, 개인 시간을 존중하는 프로그램으로 일과 여행을 유연하게 오갈 수 있다. 2박부터 최대 5박까지 '머무는 기간에 상관없이 5만 원'이라는 참가비를 제안한다. 또한 강화 청년들이 호스트가 되어 지역을 안내하는 프로그램도 제공한다. 로컬상점 투어, 비건로드 투어, 고인돌 별 투어 등 지역 청년들이 이끄는 특색있는 프로그램에 참여가능하다.

숙소는 어떨까?

건물 옆 계단으로 올라가면 정감 넘치는 가정집 문이 하나 나온다. 여성전용 게스트하우스 '아삭아삭순무민박'이다. 초록색 커튼 사이로 햇빛이 들어오는 거실에는 원목 테이블과 소파가 놓여 있어, 두런두런 이야기 나누기 좋다. 한쪽 벽면에는 강화도 여행 정보가 다정히 담겨있다. 아무런 계획 없이 방문해도 끝도 없이 가고 싶은 곳이 생긴다.

게스트하우스는 2층과 3층에 있으며 계단으로 이어져 있다. 방에서 거실로, 거실에서 위층 테이블로, 여러 공간을 자유롭게 드나들 수 있다. 2층에는 거실을 중심으로 6인실과 화장실이 있으며, 3층에는 테이블을 사이에 두고 6인실, 더블룸, 화장실이 있다. 아무래도 워케이션을 한다면 테이블이 있는 3층이 편리하다. 테이블에서 콘센트까지 꽤나 떨어져 있지만, 방 안에 있는 멀티탭을 이용하여 벽면까지 연결할 수 있다. 다인실은 이층 침대가 차곡차곡 들어가 있다. 나름 여유 공간을 두어 여섯 명이 꽉 차도 답답하지 않다. 침대 위층을 이용하는 경우 매트리스가 얇아 허리가 불편할 수 있지만, 그래도 침구가 포근하여 사르르 잠이 든다. 침대 위에는 부드러운 수건이 올려져 있는데, 면수건이 아닌 강화 소창 수건이다. 숙박을 하면서 지역의 특산품을 자연스럽게 경험하게 만든다.

잠시섬에는 약속문이 있다. 숙소 내에서 음주 및 흡연 금지, 공용 공간은 11시 소등, 서로를 존중하는 태도로 대화하기 등 타인을 배려하는 규칙이 담겨있다. 약속문 덕분에 여럿이 머무는 공간임에도 큰 불편함이 없다.

웰컴키트

잠시섬 프로그램은 웰컴키트로 일기장과 지역 카드를 준다. 아삭아삭순무민박의 규칙 중 하나는 일기장에 매일 기록을 남기는 것이다. 백지 노트에 자유롭게 그림을 그리고 일기를 쓰며 하루를 찬찬히 짚어보게 된다.

이음카드는 인천광역시 지역화폐로, 1만 원이 담겨있다. 별다른 등록 절차 없이 강화도 내 상점에서 바로 사용 가능하다. 다시 한번, 참여비가 5만 원이라는 게 믿기지 않는다.

로컬 프로그램

강화도에는 '강화유니버스'라 불리는 커뮤니티가 있다. 강화 로컬 청년과 주민들이 직접 운영하는 프로그램으로, 섬세한 로컬 경험을 제안한다. 대표적으로 비건카페에서 만드는 비건 베이킹, 자연 속에서 배우는 티클래스, 고인돌 앞에 누워 별을 관측하는 별투어, 연극하듯 걷는 산책 워크숍이 있다. 프로그램을 통해 로컬인을 만나고, 강화도의 라이프스타일을 가까이서 경험해 볼 수 있다.

잠시섬에 머무는 동안 막걸리 요가 프로그램에 참여했다. 프로그램은 100년 역사를 가진 금풍양조장 테라스에서 진행되었다. 금풍막걸리가 담긴 잔을 한 손에 들고 아슬아슬하게 균형감을 유지한다. 몸을 이완하면서 막걸리로 목을 축이고 따뜻하게 풀어낸다. 한 세기를 이어온 로컬 막걸리와 함께하는 요가 프로그램은 다른 어디서도 흉내 낼 수 없는 특별함을 지녔다.

금풍막걸리에서 또 하나 특별한 경험을 선물해왔다. 요가 수업에서 찍은 사진을 곧바로 인삼슈페너에 올려준다. 인삼슈페너는 강화 인삼 막걸리로 만든 아인슈페너다. 우유의 고소함과 인삼의 쌉쌀함이 부드럽게 넘어간다. 미각까지 동원되는 즐거운 체험이었다.

회고시간

매일 밤 9시는 회고 시간이다. 1층 스트롱파이어 테이블에 모두가 둘러앉아 하루를 어떻게 보냈는지 이야기한다. 같은 공간에 머물렀는데도, 다른 하루를 보낸 서로의 이야기에 귀 기울이게 된다. 그러다 보면 처음 만난 사람들 사이에 감도는 어색한 분위기는 금세 풀어진다.

회고시간은 여행 노하우가 전수되는 자리이기도 하다. 맛있게 먹은 식당, 분위기 좋은 카페, 마니산 등산코스까지 생생한 팁을 주고받는다. 자연스럽게 다음날 일정이 짜여지고 동행이 구해지는 시간이기도 하다.

강화
워케이션
리스트

잠시섬 프로그램

위치	강화도 시내
가격	2~5박 50,000원
운영	협동조합 청풍

에버리치호텔 패밀리 패키지

위치	강화읍
가격	2박 164,000원
운영	인천관광공사

엘리야 리조트 패밀리 패키지

위치	화도면
가격	2박 450,000원
운영	인천관광공사

일하기
좋은 공간

조커피랩
디저트가 맛있는 카페

조커피랩은 한눈에 크기를 짐작할 수 있을 정도로 아담한 카페다. 골목길이 보이는 입구 쪽 바 테이블, 붉은 벽돌 담장이 보이는 반대편 창가, 중심에는 기다란 나무 테이블, 그리고 어떤 용도로 사용해도 좋은 4인 테이블까지. 작지만 다양하다. 노트북 작업을 한다면 콘센트가 가까운 4인 테이블을 추천한다.

위치 강화군 강화읍 동문안길 23
가격 아메리카노 3,500원

피크엔드
새로 문을 연 감각적인 카페

강화도에 새롭게 문을 연 카페 피크엔드. 80년대 목조주택과 모던한 가구가 어우러져 독특한 분위기를 연출한다. 피크엔드는 여러 공간이 방으로 나누어져 있어 시선과 소음으로부터 자유롭다. 집중해서 끝낼 일이 있다면 피크엔드를 방문해보길 권한다.

위치 강화군 강화읍 남문로 43
가격 아메리카노 4,000원

스타벅스 인천강화DT점
고인돌 테이블이 있는 스타벅스

예상 가능한 프랜차이즈 카페는 따로 소개하지 않지만 스타벅스 인천강화점은 특별하다. 이곳에는 강화도 고인돌 모양을 뜬 테이블이 있다. 고인돌 테이블 아래에는 콘센트까지 달려있다. 강화를 방문한 여행자로서 매력을 느낄 수밖에 없는 포인트다. 여느 스타벅스답게 안정적으로 작업하기도 좋다.

위치 강화군 강화읍 강화대로 343
가격 아메리카노 4,500원

빨간코네모
따스한 목공 카페

길을 걷다 우연히 발견한 빨간코네모. 알 수 없는 따스함이 새어 나온다. 네모난 얼굴에 빨간코가 박혀있는 목각 인형이 이곳의 마스코트다. 여기저기 빨간코네모가 데롱데롱 달려있다. 테이블도 나무, 시계도 나무, 트레이도 나무, 심지어 콘센트 커버도 나무다. 차분하고 여유로워 집중하기 좋다. 커피를 마시고 가면 내어주는 메밀차까지 정답다.

위치 강화군 강화읍 관청길 12
가격 아메리카노 5,000원

추천 맛집

용흥궁식당
위치 강화읍
주메뉴 젓굴갈비
가격 중 35,000원

주연통삼겹
위치 강화읍
주메뉴 생통삼겹살
가격 1인 15,000원

금문도
위치 강화읍
주메뉴 강화순무탕수육
가격 20,000원

하루정식
위치 강화읍
주메뉴 하루정식
가격 12,000원

스트롱파이어
위치 강화읍
주메뉴 밴댕이 피자
가격 18,000원

루아흐
위치 강화읍
주메뉴 파스타
가격 17,000원

주연통삼겹

금문도

즐길거리

계룡돈대

특징　한적한 일몰 명소
위치　내가면

적석사 낙조대

특징　강화도 숨겨진 절경
위치　내가면

보문사

특징 강화도 관음 성지 사찰
가격 입장료 2,000원
주차비 2,000원
위치 석모도

조양방직

특징 볼거리 많은 대형 카페
가격 아메리카노 7,000원
위치 강화읍

조양방직

추천 코스

강화면 코스

1. 아삭아삭순무민박
2. 피크엔드
3. 금문도
4. 빨간코네모
5. 주연통삼겹
6. 조커피랩

길상면 코스

1. 아삭아삭순무민박
2. 우트우트
3. 벨팡 베이커리
4. 책방시점
5. 곧은
6. 전등사
7. 순종호 횟집
8. 카페 봉당

거제
Geoje

아웃도어 워케이션
아웃도어 아일랜드
거제 워케이션 리스트
일하기 좋은 공간
추천 맛집
즐길거리
추천 코스

05

Prologue

아웃도어
워케이션

워케이션을 간다면 도심에서 가능한 멀리 떨어지고 싶을 테다. 사방이 가로막힌 도시에서 수평선으로. 하늘이 보이지 않는 거리에서 별이 쏟아지는 숲으로. 워케이션을 떠나 자연을 깊게 느끼고 싶다면 거제도가 제격이다. 1917년까지만 해도 육지에서 떨어진 섬이었던 거제도는 변화무쌍한 자연을 품고 있다. 복잡하게 굽어진 해안선과 험준하게 솟아 있는 바위섬, 속속 솟아있는 크고 작은 산이 거제도에 있다. 자연과 연결되는 경험담이 차곡차곡 쌓이는 곳. 거제도로 아웃도어 워케이션을 떠나보자.

아웃도어 아일랜드

Info 4박 5일 395,000원

항구를 따라 출근하고 노을 찾아 트레킹 하는 곳. 거제 아웃도어 아일랜드다. 항구 마을 장승포를 중심으로 일과 쉼을 오가는 워케이션 프로그램이 준비되어 있다 일하는 곳, 머무는 곳, 쉬는 곳까지 오밀조밀 모여있어 슬리퍼 신고 터벅터벅 걸어 다닐 수 있다.

아웃도어 아일랜드는 아웃도어 액티비티에 진심인 사람들이 만들었다. 이들이 머무는 커뮤니티 라운지 '밖'에는 아웃도어 편집샵처럼 캠핑 도구가 빼곡하다. 언제든 캠핑 도구를 챙겨 산으로 바다로 떠날 준비가 되어있다. 자연 속에서 아웃도어를 즐기며 일하고 살아가는 방법을 전해준다.

숙소는 어떨까?

4박 5일간 홈포레스트 스탠다드 더블룸에서 지낸다. 장승포 중심지에 있는 관광호텔이다. 건축상을 수상한 거제문화예술회관 앞에 있는 호텔이라 외관이 뛰어나다. 호텔 바로 앞에는 외도로 향하는 유람선터미널, 매일밤 포차 거리로 변하는 수변공원이 있다.

홈포레스트는 거제도 대표 관광호텔로, 저렴한 가격에 머물 수 있다. 대신 가구, 화장실, 벽에서 오랜 세월이 느껴진다. 창밖이 건물로 막혀 있어 빛도 들어오지 않기에, 숙소에서 오래 작업 한다면 답답하게 느껴질 것이다. 수변공원 뷰가 있는 룸으로 변경하려면 1박당 2만 원을 추가 결제해야 한다.

웰컴키트

탄탄한 에코백, 맨투맨, 양말, 키링, 스티커, 엽서를 웰컴키트로 받았다. 에코백과 맨투맨, 양말에는 거제도를 상징하는 섬모양 로고가 박혀있다. 로컬 브랜드의 색깔이 묻어나면서도 로고가 깔끔해서 부담없이 착용 가능하다. 라운지 '밧'에서 판매하고 있는 굿즈로 필요하다면 구입도 가능하다.

프로그램

아웃도어 아일랜드에서는 웰컴파티, 동네투어, 노을 트레킹, 서핑 강습, 그리고 1박 2일 백패킹 프로그램을 제공한다. 아웃도어 워케이션에 걸맞게 몸을 움직이는 활동이 많다. 워케이션을 신청할 때 '데일리' 혹은 '마니아'를 고를 수 있다. 데일리는 일상적인 가벼운 프로그램이 포함되어 있고, 마니아에는 역동적인 서핑과 백패킹 프로그램이 있다.

동네투어는 한 시간 동안 장승포 일대를 걸으며 이야기를 듣는다. 흥남철수로 만여 명의 피란민이 도착한 '기적의 길'부터 투어를 시작한다. 갈치가 걸려있고 고양이 발자국이 찍혀있는 소박한 골목이다. 이어서 주상복합 상가 건물에 자리한 '신부시장'을 걷는다. 이곳에는 장승포 맛집으로 소문난 '청아촌', '장수돼지국밥'이 있다. 다음으로 전망대가 있는 '송구영신 소망길'에 오른다. 죽순 사이로 언덕을 오르면 장승포 마을이 한눈에 내려다보인다. 한적한 항구마을의 멋이 느껴진다. 소원길 정상에는 커다란 보름달 조명이 설치되어 있어 밤에 가면 더욱 아름답다.

노을 트래킹은 오수마을로 떠난다. 백패킹을 좋아하는 매니저가 특별히 추천한 코스다. 오수마을은 오수천이 바다로 흘러 들어가는 길, 갈대 군락지가 형성된 마을이다. 인적이 드문 산책로로, 철새들이 머리 위를 날아다닌다. 오수천을 따라 산책로를 걷다 보면 수많은 섬으로 이루어진 한려해상 국립공원이 보인다. 산달도, 한산도, 추봉도 사이로 떨어지는 노을을 호젓하게 걸으며 감상해보자. 오수마을은 남파랑길 25코스 일부 구간으로, 한 바퀴 돌아보는데 넉넉잡아 1시간 정도 소요된다.

이번에는 아웃도어 마니아들을 따라 백패킹을 나서보자. 장비가 없는 초보 백패커라도 걱정 없다. 커뮤니티 라운지 '밧'에서 텐트, 침낭, 랜턴 등 모든 백패킹 용품을 빌릴 수 있다. 백패킹 전문가들이 참여자의 경험에 따라 맞는 코스로 안내한다. 한 발 한 발 숲속을 거닐며 땅의 에너지를 충전할 수 있다.

서핑은 거제 흥남해수욕장 서퍼랜드에서 진행된다. 흥남해수욕장은 크기가 아담하고 인적이 드물어 서핑 입문자가 도전하기 좋다. 전문 강사의 교육 이후에는 하루종일 자유서핑이 가능하다. 서핑으로 지칠 때쯤 테라스에 가면 파라솔과 데크, 해먹에 누워 휴식을 취할 수 있다. 데크에서는 바다를 바라보며 노트북 업무를 볼 수도 있다. 아웃도어 액티비티와 일의 경계를 넘나들어보자.

ⓒ 아웃도어 아일랜드

메이커스캠프 (아웃도어 아일랜드)

거제 워케이션 리스트

아웃도어 아일랜드

위치	장승포
가격	4박 5일 395,000원
운영	공유를위한가치

로컬그래비티

위치	도장포
가격	2박 164,000원
운영	로컬그래비티

거제에서 한 달, 숨-쉼

위치	거제도
가격	2~29박
운영	1박당 5만 원 숙소비 지원 경상남도

일하기
좋은 공간

메이커스캠프
공방이 갖춰진 코워킹스페이스

아웃도어 아일랜드에서 운영하는 코워킹스페이스다. 목공방과 패브릭 공방이 있어 메이커를 위한 공간이기도 하다. 코워킹 공간에는 작업하기 편리한 우드테이블과 의자가 15석 마련되어 있다. 마쉘 스피커, 복합기, 커피 메이커, 간식도 비치되어 있어 최적의 일터가 되어준다.

위치 거제시 장승포로 83-3
가격 무료

장승포76
뷰와 브런치가 있는 카페

장승포76은 양 사이드로 멋진 뷰를 품은 브런치 카페다. 장승포항에서 가장 높은 건물 꼭대기에 위치해 있어, 앞으로는 바다 뒤로는 송구영신길이 보인다. 노트북 작업하기엔 콘센트가 있는 창가자리가 좋다. 높은 퀄리티의 브런치를 저렴한 가격에 판매하고 있다. 1인 세트에 샐러드와 아메리카노, 크로플, 제철 과일까지 알찬 구성으로 나온다.

위치 거제시 장승포로 76 4층
가격 아메리카노 4,500원

책방익힘

추천 맛집

청아촌
위치 장승포
주메뉴 청국장
가격 9,000원

피란
위치 장승포
주메뉴 곰탕
가격 12,000원

묵고갈래싸가갈래
위치 장승포
주메뉴 떡볶이
가격 3,000원

장승포막썰이횟집
위치 장승포
주메뉴 모둠회
가격 40,000원

챠우칸
위치 장승포
주메뉴 챠우칸쟁반짜장
가격 8,000원

짹짹커피
위치 고현동
주메뉴 빌리 에스프레소
가격 6,000원

청아촌

짹짹커피

즐길
거리

매미성
- **특징** 한사람이 쌓아올린 성벽
- **위치** 장목면

유호전망대
- **특징** 가거대교 전망대
- **위치** 장목면

해금강
- **특징** 기암절벽 선상투어
- **가격** 왕복 배편 12,000원
- **위치** 장승포

책방익힘
- **특징** 아늑한 거제 북카페
- **가격** 아메리카노 4,000원
- **위치** 장승포

추천 코스

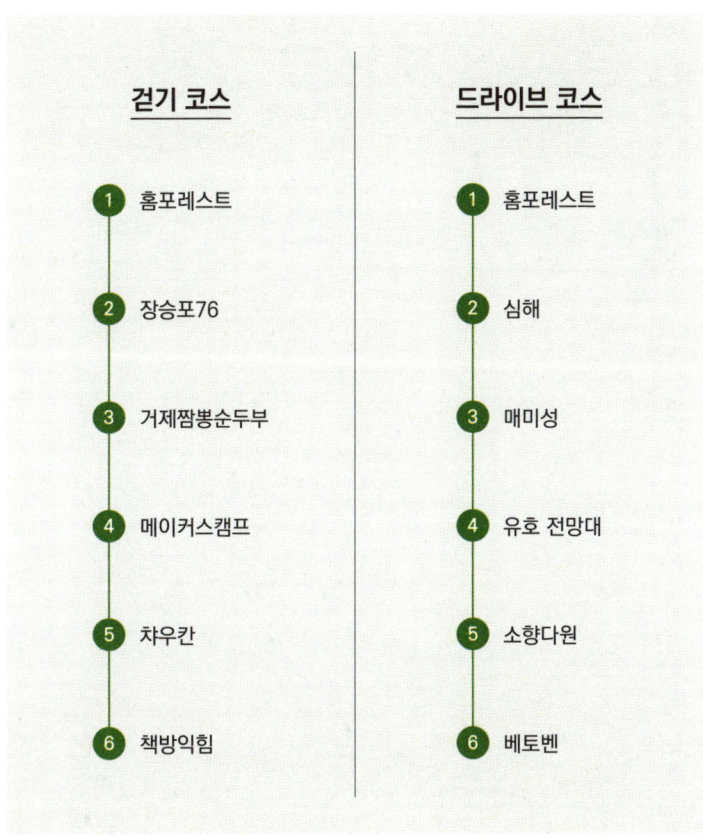

걷기 코스

1. 홈포레스트
2. 장승포76
3. 거제짬뽕순두부
4. 메이커스캠프
5. 챠우칸
6. 책방익힘

드라이브 코스

1. 홈포레스트
2. 심해
3. 매미성
4. 유호 전망대
5. 소향다원
6. 베토벤

고성
Goseong

바다공룡 워케이션
일하기 좋은 공간
추천 맛집
즐길거리
추천 코스

06

Prologue

바다공룡
워케이션

서로 다른 사람들이 한 공간에서 먹고 자고 일하면 어떨까? 바다공룡 워케이션에서 낯선 사람들과 새로이 연대감을 쌓는 방법을 보았다. 파출소 뒤뜰에 자리한 카라반에서 하나둘 일어나 공유오피스 노랑이로 출근한다. 서로의 모습을 보며 자극을 주고받고 일에 몰입한다. 점심에는 캠핑 테이블에 둘러앉아 도시락을 나눠 먹고, 퇴근 후엔 함께 저녁 메뉴를 고심한다. 그러다보면 어느새 모두 동료가 되어있다. 이번에 소개하는 워케이션은 서로 다른 다양함이 자연스레 물드는 경남 고성 바다공룡이다.

강원 아닌 경남 고성

텀블벅 펀딩으로 바다공룡 워케이션을 신청했을 때, 강원도 고성을 말하는 줄 알았다. 경상남도 고성은 지도 어디쯤 있는지 모를 정도로 낯선 곳이었다. 서울남부터미널에서 고성터미널까지 4시간. 한 번도 가보지 않은 길에 올랐다. 다시 고성터미널에서 대가면으로 들어가는 마을버스를 탔다. 하루 9번 시간표대로 운행하는 농어촌 버스다. 기나긴 여정 끝에 논밭이 펼쳐진 바다공룡에 도착했다.

카라반 워케이션

카라반으로 체크인했다. 멀고도 낯선 고성까지 워케이션을 떠나게 만든 카라반이다. 일상에서 쉽게 접할 수 없는 경험이기에, 카라반은 그 자체로 낭만적이다. 카라반 워케이션의 설렘을 이어가려면 조작법부터 익혀야 한다. 조명 위치, 난방 켜는 법, 수통 관리법, 화장실 사용법을 배운다. 잘 숙지하지 않으면 난감한 상황이 일어난다.

4인용으로 나온 카라반은 2인이 이용하기에 부족함이 없었다. 안쪽 침대와 소파베드를 각각 개인 공간으로 활용했다. 업무 시간에는 공유오피스를 활용하고 카라반은 씻고 자는 공간으로만 썼다. 다른 참여자는 카라반을 미팅룸으로 사용하기도 했다. 카라반에서 4박 5일 동안 지내며 노마드워커도 밴라이프가 가능할까 간접적으로 체험해보았다. 카라반 내부에도 테이블이 있으니 불편하긴 해도 불가능하지는 않겠다. 안정적인 네트워크 환경, 전기 사용 등 편리함을 쫓으려면 끝도 없겠지만, 불편함을 감수하고 낭만을 누리고 싶은 노마드워커라면 충분히 도전해볼만 하다.

* 카라반은 2인 1실로 배정받았다. 카라반 워케이션의 특성상 두 명이 팀을 이루어 신청하는 참여자가 많았다.

가까워지는 가장 빠른 방법

별로 친하지 않았는데도, 함께 밥을 먹다가 식구처럼 가까워지는 경험을 한 번쯤 해봤을 것이다. 바다공룡 워케이션에서는 사람들과 매 끼니 어울려 먹으며 관계가 두터워진다.

점심이 되면 택시 한 대가 공유오피스 앞으로 온다. 트렁크에는 맛있는 반찬이 가득 담긴 도시락통이 있다. 고성 시내 식당에서 보내주는 도시락이다. 따뜻한 공깃밥 그릇, 김이 모락모락 오르는 국, 골고루 담긴 밑반찬. 한 손으로 파리를 쫓아내고, 다른 한 손으로 젓가락질에 힘쏟는다. 바삐 먹으면서도 이야기와 웃음이 끊이지 않는다. 책상 하나를 두고 앞뒤로 둘러앉아 급식을 먹던 기억이 떠오른다.

저녁에는 하나둘 퇴근을 하고 주방으로 모인다. 서로 가져온 재료들을 살피며 메뉴를 정한다. 떡볶이 파티, 치킨 파티, 해산물 파티, 바베큐 파티. 매일 밤 음식 파티가 열린다. 워케이션으로 뭉친 사람들인 만큼, 이야기 주제는 일로 모인다. 서로 진행하는 프로젝트를 소개하고 커리어 고민을 나누기도 하며 참여자 간의 사이가 무르익어 간다. 바다공룡 워케이션에서 배웠다. 네트워킹을 효과적으로 하는 방법은 다름 아닌 '맛있는 밥'이라는 걸.

* 고성 대가면에도 배달이 된다. 전화로 읍내에 있는 박군치킨(055-672-0032)을 주문했다. 고성에만 있기엔 아까운 맛이다.
* 바다공룡 바로 옆에는 하나로마트가 있다. 라면, 과자, 맥주 등 간단한 생필품을 구매할 수 있다.

공유오피스 노랑이

일하는 공간이 제대로 갖춰져 있지 않다면 워케이션이라 부르기 어려울 것이다. 단순히 데스크와 책상이 있다고 해서 일하기 좋은 공간으로 여겨지진 않는다. 그런 면에서 바다공룡의 공유오피스는 주목할만하다. 새로운 사람들이 자연스럽게 스미도록 공유오피스를 직접 리모델링 했다.

바다공룡의 공유오피스 노랑이는 1950년대 예비군훈련소였다. 바다공룡 팀은 직접 공간을 설계하고 페인트칠을 하며 공유오피스를 꾸몄다. 내부는 메인 오피스, 빈백방, 미팅룸, 다용도실로 나누어져 있다.

메인 오피스는 논밭으로 통하는 대문이 활짝 열려 있고, 뒤로는 카라반으로 이어지는 문이 있다. 여러 공간이 단층으로 이루어져 분절되지 않는다. 공간의 경계를 허문 자리에 활력이 돈다.

요가 프로그램

아침 8시, 대가치안센터 앞에는 요가 매트가 깔린다. 곧이어 고성 읍내에서 요가원을 운영하는 원장님이 강아지와 함께 출근한다. 한켠에는 아침 추위를 달래기 위한 모닥불이 켜져 있다. 밤사이 굳은 몸을 녹이라는 세심한 배려다. 요가 동작을 집중해서 따라 하다 보니 논밭 너머 해가 떠오른다. 요가를 하며 일출을 보는 신선한 경험을 고성에서 한다.

바다공룡 워케이션에서 요가 프로그램은 주 3회 진행되었다. 워케이션 기간이 길어질수록 운동 프로그램의 중요성은 커진다. 평소 주기적으로 운동하는 사람들은 안정적인 컨디션을 유지할 수 있고, 그렇지 않은 사람들도 활력을 얻는 기회가 된다.

바다공룡이 일하는 방식

바다공룡이 일하는 방식도 흥미롭다. 바다공룡 대표를 중심으로 느슨하게 연결된 이들이 프로젝트를 운영한다. 프로젝트에 필요한 사람들이 모이고 프로젝트가 끝나면 흩어진다. 이번 워케이션 펀딩도 마케터와 공간 디자이너가 유연하게 협업하여 목표 금액의 717%를 달성했다. 여기에 지역 청년들까지 워케이션 운영에 참여하며 로컬 기업으로 역할을 해내고 있다.

참가자들에게도 경계를 두지 않는다. 누구든 느슨한 연결고리에 녹아들 수 있다. 운영자가 참가자처럼 함께 어울리고, 참가자는 운영진이 된 것처럼 돕는다. 바다공룡만의 자연스러운 방식으로 커뮤니티가 확장된다.

일하기
좋은 공간

제정구커뮤니티센터
사색하기 좋은 북카페

바다공룡 근처에는 도보로 이동할 수 있는 카페 4곳이 있다. 그중에서 일하기 적합한 환경을 갖춘 곳은 제정구커뮤니티센터가 유일하다. 제정구커뮤니티센터는 빈민운동에 헌신한 전 국회의원 제정구의 일대를 담은 공간이다. 건물 안에는 북카페와 대형 회의실이 있다. 북카페에 앉으면 대가저수지가 드넓게 보인다. 커피값도 매우 저렴하다. 공유오피스에서 집중이 되지 않을 때 옵션이 되어주는 공간이다.

위치 고성군 대가면 대가로 370
가격 아메리카노 2,500원

추천 맛집

일품새우
위치	대가면
주메뉴	새우구이
가격	1kg 35,000원

대희재
위치	대가면
주메뉴	팥빙수
가격	9,000원

총각네칼국수보쌈
위치	고성읍
주메뉴	칼국수
가격	8,000원

산신령땡초김밥전문점
위치	고성읍
주메뉴	땡초김밥
가격	2줄 6,000원

박군치킨
위치	고성읍
주메뉴	박군간장치킨
가격	13,000원

즐길거리

대가호수
특징 여유로운 산책코스
위치 대가면

그레이스정원
특징 수국이 많은 수목원
가격 5,000원
위치 상리면

상족암국립공원
특징 공룡발자국 해안 산책로
가격 무료
위치 하이면

고성송학동고분
특징 마을이 내려다보이는 높은 고분
위치 고성읍

공주
Gongju

소도시 공주
로그인 공주
일하기 좋은 공간
추천 맛집
즐길거리
추천 코스

07

Prologue

소도시
공주

공주는 이야기가 많은 소도시다. 동네 산책길에 나서면 골목길이 말을 걸어온다. 꼿꼿하게 세워진 나무 전봇대, 제민천을 따라 걷는 고양이, 눈이 와도 잎을 떨구지 않은 버드나무. 작은 것들에 귀 기울이다 보면 산책이 길어진다. 동네 한 바퀴를 걷기만 해도 여행이라 여긴다면 공주만 한 곳이 없을 테다. 소도시 여행자를 위한 공주 워케이션을 소개한다.

로그인
공주

와디즈 펀딩을 통해 '로그인 공주' 워케이션 프로그램을 다녀왔다. 공주 원도심에서 활동하는 주식회사 퍼즐랩의 프로그램이다. 퍼즐랩은 한옥스테이 봉황재로 출발하여 청년마을 자유도로 공주만의 커뮤니티를 형성하고 있다. 특히 마을스테이라는 개념을 잡고 풀어내고 있다. 숙박, 식당, 카페를 한 건물에서 이용하는 호텔처럼 그만한 서비스를 마을 안에서 경험할 수 있도록 로컬 공간을 엮는다.

로그인 공주는 5박 6일 동안 옛 하숙집이었던 버드나무빌에 머무르며, 퍼즐랩 직원들이 일하는 공유오피스를 함께 이용한다. 동네 지리를 익히는 마을투어와 로컬인들과 함께하는 커뮤니티 식탁에 참여하며 공주에 빠르게 스며든다.

버드나무빌

Info 공주시 제민2길 7
프로그램 참여자 전용

예로부터 교육의 도시로 불려 온 공주는 하숙문화가 발달했다. 버드나무빌도 과거 사대부고 학생들이 하숙했던 공간이다. 숙소 앞에 커다란 버드나무가 있어 '버드나무빌'이라는 이름이 붙여졌다. 녹색 철문을 열고 들어가면 2층으로 향하는 계단이 나온다. 내부는 복도 양옆으로 방들이 늘어선 전형적인 하숙집 구조로 되어있다.

싱글 침대와 작은 테이블이 놓인 한 사람만의 방이다. 과거 하숙집인 시절부터 이곳에 몇 명의 학생들이 지냈을지 상상해본다.

주방에는 간단한 조리를 할 수 있는 시설과 테이블이 있다. 방 안의 작은 테이블이 답답하다면 주방 공간을 활용할 수 있다. 공용 화장실은 복도 양 끝에 있다. 한겨울에도 보일러가 뜨끈해서 추위를 느낄 새가 없다.

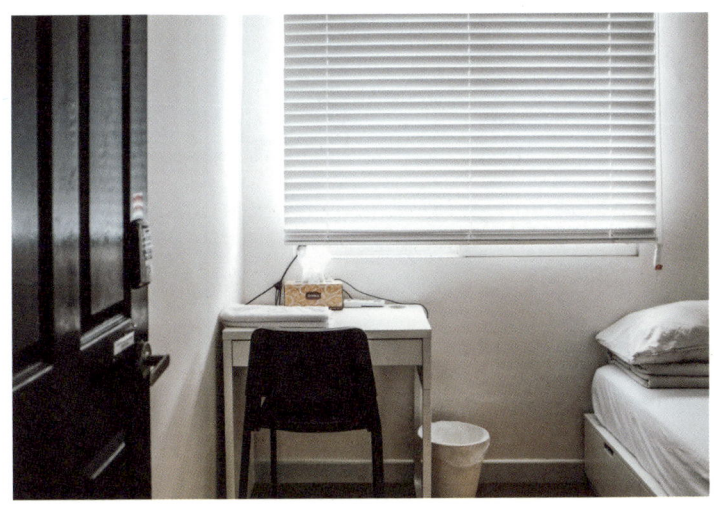

커뮤니티호텔 슬로크루즈

Info 공주시 먹자1길 5
1박 50,000원

공주에 새롭게 생긴 스테이 공간이다. 슬로크루즈는 바다 위 크루즈를 표방하며, 공주 원도심을 가르는 제민천 앞에 우뚝 서 있다. 숙소층을 지나 올라가면 루프탑에 닿는다. 루프탑은 크루즈 꼭대기 층처럼 탁 트인 전경을 보여준다. 슬로크루즈가 원도심 일대에서 가장 높은 건물이라 가능하다. 슬로크루즈는 필수 요소만 갖춰진 간결한 숙소다. 대신 제민천 중심 먹자골목에 있어 공주 맛집을 탐방하기 좋다. 루프탑 커뮤니티라운지와 2층 부엌에 노트북 작업 가능한 테이블이 있다.

봉황재

Info 공주시 큰샘3길 8
1박 80,000원

봉황재는 일제강점기 도시형 한옥을 리모델링한 스테이 공간이다. 목재와 유리를 사용한 창호, 모자이크 타일벽, 대들보 등 한옥의 외형을 유지하면서 개별 욕실과 냉난방 시스템 등 편의성을 갖췄다. 한옥의 멋을 잃지 않으면서 투숙객을 배려한 섬세함을 엿볼 수 있다. 정원, 마루, 다락방에서 특히 한옥 특유의 느긋함이 느껴진다. 노트북 업무가 가능한 공간은 한옥마루와 부엌 주방이다.

마을투어

커뮤니티 매니저를 따라 마을투어에 나섰다. 공주 원도심을 한 시간 정도 걸으며 현지인들만 아는 이야기를 듣는다. 봉황산에서 내려온 봉황 설화, 공주에서 하숙생활을 한 사람들, 심지어 세탁소가 몇 년째 운영 중인지 속속들이 알게 된다. 골목마다 재밌는 이야기가 끊임없이 흘러나와 즐겁게 만든다.

커뮤니티 식탁

공주에서 지내는 마지막 밤 '크림오브로컬'로 초대받았다. 크림오브로컬은 소모임, 회의실로 사용되는 공유 공간이다. 퍼즐랩 직원들과 모여 앉아 '김피탕'을 열었다. 김피탕은 김치, 피자, 탕수육을 한데 합친 공주 대표 음식이다. 서로 다른 음식이 모여 새로운 맛을 만들어내는 김피탕이 커뮤니티 식탁에 잘 어울린다.

* 공주에는 러닝크루 제민러너스(@jemin_runners)가 있다. 매주 목요일 오후 7시 30분 제민천 일대를 2시간 동안 뛴다. 누구나 참여할 수 있는 열린 커뮤니티다.

환대하는 사람들

공주에 지내는 내내 환대를 받았다. 커피를 주문하면 후식으로 과일까지 내어주고, 길에서 사진을 찍으면 주민들이 미소 지으며 지나간다. 공주는 낯선 외지인을 반갑게 맞이할 줄 안다. 먼 옛날부터 전국 각지에서 모여드는 앳된 학생들을 맞이해왔기 때문일까. 어딜가나 다정하게 말을 걸어오는 공주에서는 살아봐도 어색하지 않겠다.

일하기
좋은 공간

업스테어스
퍼즐랩의 오픈 오피스

퍼즐랩이 운영하고 일하는 코워킹 스페이스다. 운영자와 방문객이 나눠지지 않고, 한 공간에서 일하는 진정한 코워킹을 경험 해볼 수 있다. 기본적인 사무용품은 물론이고 천장까지 가득 쌓인 책도 자유롭게 열람 가능하다. 워케이션 프로그램 참여자들은 무료로 이용 가능하며, 이외 방문객들은 1개월 이상 멤버십 결제가 필요하다.

위치 공주시 감영길 9
가격 1개월 140,000원

미정작업실
술이 곁들여진 작업실

정해지지 않은 뜻 '미정(未定)'과 주인의 이름 '미정'을 딴 공간이다. 국내에서 구하기 힘든 맥주를 팔고, 큐레이션 된 책을 파는가 하면, 노트북을 펼쳐 일할 수 있는 작업실이기도 하다. 한마디로 무엇을 해도 환영받는 '미정' 작업실이다. 처음 맛보는 맥주에 서서히 취하며 밀린 일을 끝내기 좋은 공간이다.

위치 공주시 제민천1길 37-1
가격 공간 이용료 5,000원
　　　 (주류 구매 별도)

커피인터뷰
여백의 멋이 있는 카페

산성시장 맞은편에 자리한 구축 상가를 일본 건축 스타일로 탈바꿈했다. 1층은 카페 '커피인터뷰', 2층은 숙박 '스테이인터뷰'로 운영 중이다. 커피인터뷰는 여백이 있는 카페다. 넓은 공간에 비해 적은 수의 테이블을 놓아 깔끔한 인상을 준다. 모든 좌석에서 콘센트 사용이 가능하며, 자정까지 운영하여 늦은 시간에도 업무를 볼 수 있다.

위치 공주시 봉황로 126
가격 아메리카노 4,500원

바흐
브런치 먹으며 일하기 좋은 카페

바흐는 9시부터 문을 연다. 일찍 문을 여는 카페가 흔치 않은 공주에서 반가운 공간이다. 노트북을 펼쳐도 넉넉한 원목 테이블로 채워져 있으며, 다양한 타입의 충전기도 대여해준다. 바흐에서는 아침도 든든히 챙겨 먹을 수 있다. 생생한 양상추, 스모키 햄, 모짜렐라 슬라이스 등 좋은 재료를 넣은 베이글 샌드위치를 가성비 좋게 먹을 수 있다. 산뜻하게 아침을 열기 좋은 카페다.

위치 공주시 감영길 16
가격 베이글 샌드위치&아메리카노 9,000원

추천 맛집

길갈
위치 봉황동
주메뉴 오렌지롤
가격 16,000원

낙낙
위치 중동
주메뉴 밤떡티라미수
가격 6,500원

양반찜갈비
위치 중동
주메뉴 묵은지소찜갈비
가격 36,000원

의료원앞떡볶이
위치 중동
주메뉴 떡볶이
가격 2,000원

피탕김탕
위치 금흥동
주메뉴 김피탕
가격 15,000원

시장정육점식당
위치 금흥동
주메뉴 육회비빔밥
가격 14,000원

* '착한페이' 앱 다운로드 후 공주페이를 충전하면 10% 페이백을 받을 수 있다. 공주 내 거의 모든 가게가 공주페이 가맹점으로 등록되어 있다.

길갈

낙낙

즐길
거리

풀꽃문학관

특징 나태주 시인의 문학 공간
가격 무료
위치 반죽동

가가책방

특징 작은 무인 책방
가격 무료
위치 반죽동

수리치

특징 시간을 연결하는 갤러리
가격 무료
위치 봉황동

공산성

특징 아름다운 백제시대 성
가격 성인 1,200원
위치 금성동

추천 코스

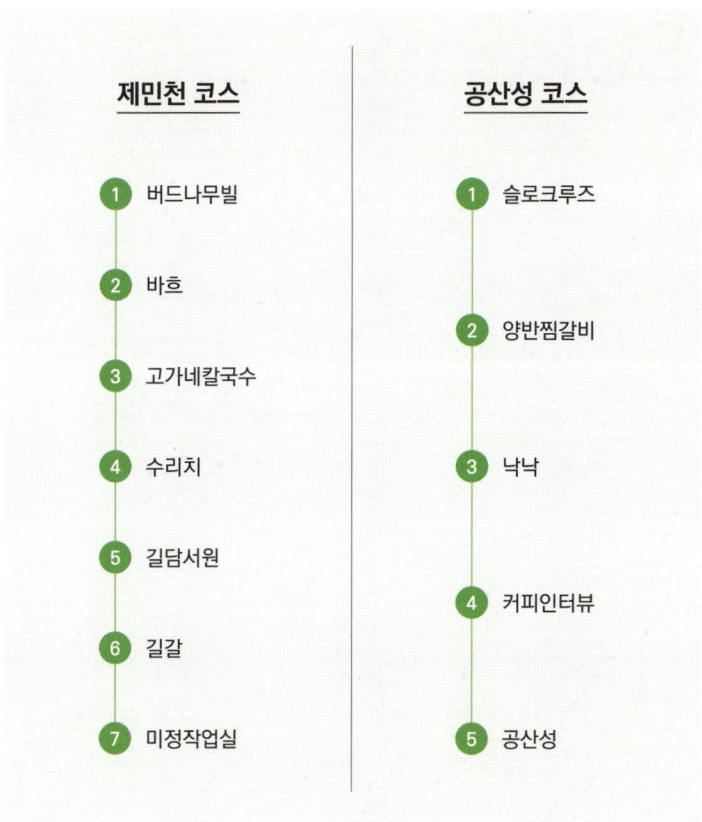

제민천 코스

1. 버드나무빌
2. 바흐
3. 고가네칼국수
4. 수리치
5. 길담서원
6. 길갈
7. 미정작업실

공산성 코스

1. 슬로크루즈
2. 양반찜갈비
3. 낙낙
4. 커피인터뷰
5. 공산성

속초
Sokcho

걸어서 30분
추천 숙소
일하기 좋은 공간
추천 맛집
즐길거리
추천 코스

08

Prologue

걸어서
30분

속초에서는 걸어서 30분이면 원하는 장소에 갈 수 있다. 해변 카페에서 일을 하다가 중앙시장에 들러 맛있는 먹거리를 사고, 등대가 보이는 숙소로 걸어간다. 지도 앱과 두발만 있으면 어디든 갈 수 있는 동네다. 속초 워케이션에서는 이동에 대한 걱정을 줄이고 일과 여행에 시간을 쏟게 된다. 워케이션에서 직주근접을 따진다면 속초가 정답이 아닐까.

추천 숙소

소호 259

Info 속초시 수복로259번길 11-3
1박 35,000원

지난 2022년, 소호 259에서는 워케이션 프로그램인 '속초체크인'이 운영되었다. 속초체크인은 지역 연계 관광 활성화 사업으로 선정되어 도입된 프로그램이다. 워케이션 지도, 카페 음료 할인권, 전기 자전거, 액티비티 프로그램, 속초 청년몰 상품권이 패키지로 제공되었다.

동선을 고려할 필요가 없는 게스트하우스다. 소호259는 속초버스터미널에서 10초 거리에 있다. 소호259를 중심으로 여행 컨시어지 '고구마쌀롱', 요리주점 '백수씨 심야식당', 독립서점 '완벽한날들'이 모였다. 노트북 업무가 가능한 '소호카페'도 게스트하우스 건물 내 있다. 편안한 차림에 슬리퍼를 신고 소호거리 탐방이 가능하다.

소호259는 유럽여행을 다녀온 남매가 호스텔 문화에 영감을 받고 만들었다. 단순히 숙박만 하는 공간이 아닌, 새로운 관계가 맺어지는 공간으로 설계했다. 'ㅁ'자 모양으로 10개의 방이 두르고 있고 가운데 거실은 통창으로 연결되어 있다. 거실에는 모닥불 화로가 있어 불멍타임이 되면 하나둘 게스트들이 모인다. 게스트하우스 파티가 없어도 자연스러운 대화가 시작된다.

소호259는 자체 프로그램을 운영한다. 오전 스냅샷투어는 영금정까지 산책을 하며 포토 스팟에서 사진을 남긴다. 속초를 배경으로 찍은 사진을 섬세하게 보정해서 건넨다. 유럽 여행 스냅 촬영 부럽지 않다. 요가프로그램은 거실 공간에서 진행된다. 아침을 깨우는 동작을 하고 소울카드를 한 장씩 뽑아 명상 시간을 가진다. 차를 마시며 담소를 나누고 마무리한다.

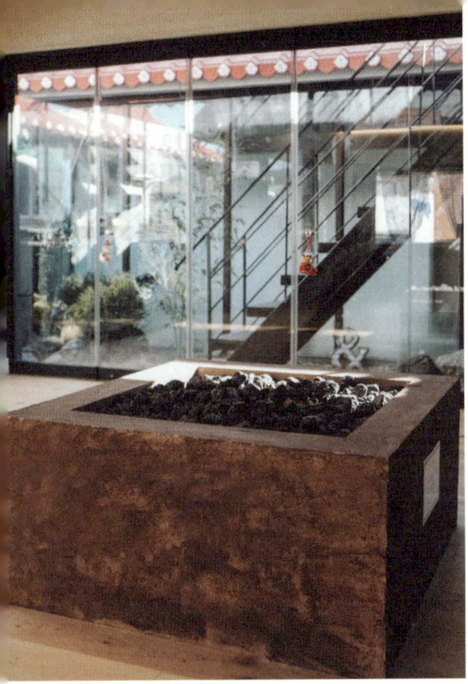

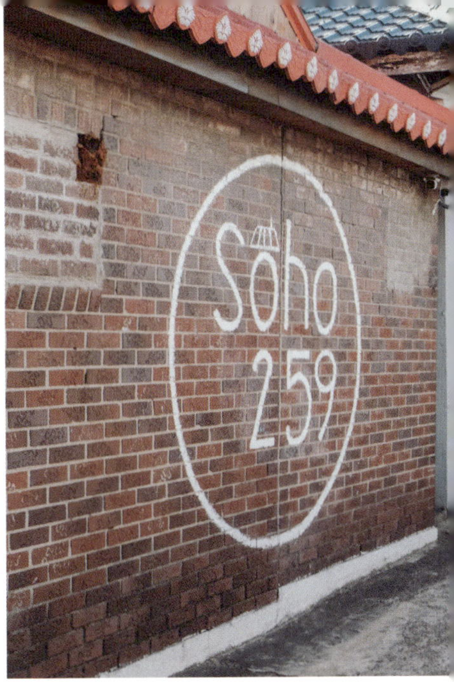
Soho
259

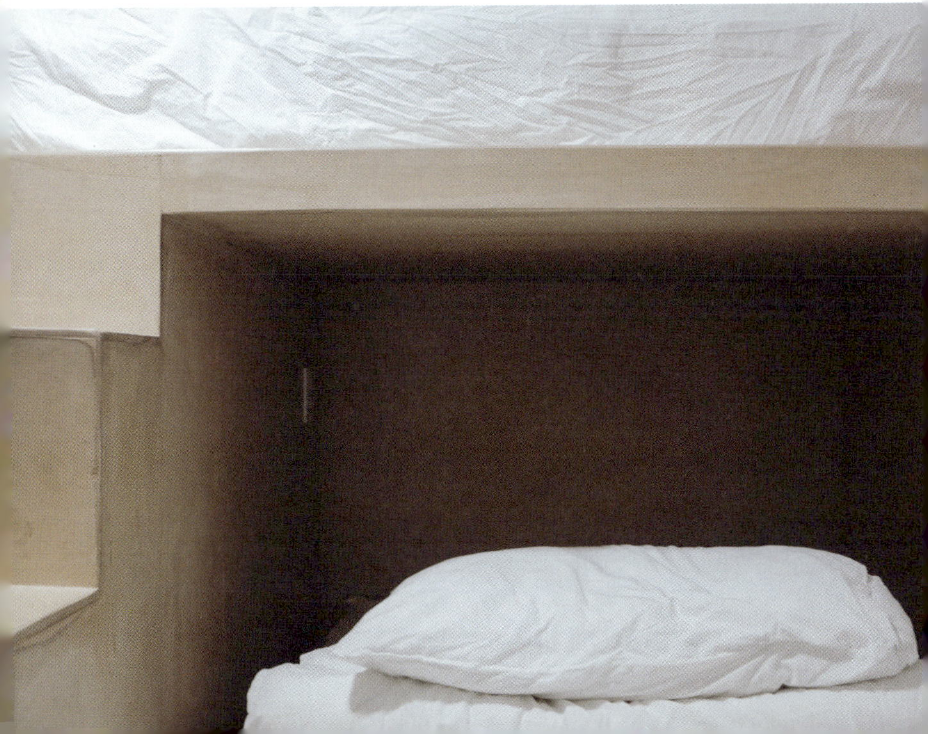

어반스테이 속초등대   Info 속초시 영랑해안8길 11
1박 4만 원대

부산에 이어 속초에서도 어반스테이를 추천한다. 속초에는 속초등대점, 속초해변점 두 개 지점이 있다. 미니멀한 스튜디오형 객실부터 최대 6인까지 머물 수 있는 프리미어 스위트 객실까지 다양하다. 두 개 지점 모두 바다에 근접해 시원한 속초바다 뷰를 아쉬움 없이 감상할 수 있다.
어반스테이는 숙면을 돕는 매트리스 삼분의일을 사용하고, 친환경 세탁 세제 라브아가 비치되어 있는 등 숙박 경험을 올려주는 브랜드 협업이 돋보인다. 특히 어반스테이 객실에는 튼튼한 테이블이 기본으로 들어가 있다. 작업하기 좋은 카페를 찾을 때 스타벅스를 믿고 찾듯, 어반스테이가 워케이션 숙소로서 같은 역할을 하지 않을까.

일하기
좋은 공간

소호카페
자유로운 그물 해먹 카페

소호259에서 운영하는 카페다. 속초 버스터미널에서 10초 거리에 있고 짐 보관 서비스도 제공해서 여러모로 편리하다. 그물 해먹이 있어 자유로운 분위기가 느껴진다. 지하에도 넓은 공간이 있다.

위치 속초시 수복로259번길 11
가격 아메리카노 4,500원

에이플레이스 카페
속초해수욕장 한적한 카페

속초해수욕장에서 5분 거리에 있는 카페로 펜션도 함께 운영한다. 우드 테이블, 스탠드 조명, 책장이 집중하기 좋은 은은한 분위기를 연출한다. 부드러운 커피는 물론 드래프트 맥주와 칵테일까지 판매한다. 4층 루프탑도 개방되어 있다.

위치 속초시 청호해안길 31
가격 아메리카노 4,500원

우디
오션 뷰 오두막 카페

속초등대 해변에 있는 오두막 카페다. 메인 자리는 2층 오션뷰 테이블. 오두막 별장을 프레임으로 바다 뷰가 보인다. 커다란 정사각형 테이블에 둘러앉아 바다 멍 때리기 좋다. 콘센트는 양 끝 자리에서 사용 가능하다. 평일에는 바다를 보며 일하기 좋지만 주말에는 사람이 많아 어수선한 편이다.

위치 속초시 영랑해안길 163
가격 아메리카노 5,000원

지느러미
속초터미널 신비한 카페

신비로운 분위기를 가진 카페다. 앤틱 피아노, 서핑 보드, 바다 생물 모양의 은박 조명이 어우러진 독특한 모습이다. 4인 테이블이 많아 넉넉하게 노트북 작업하기도 좋다. 소호카페와 마찬가지로 속초터미널에서 10초 거리에 있다.

위치 속초시 장안로 18-3
가격 아메리카노 4,500원

추천 맛집

하마식당
- **위치**   영랑동
- **주메뉴**   마제소바
- **가격**   11,000원

속초회포장
- **위치**   중앙동
- **주메뉴**   모둠회
- **가격**   35,000원

88생선구이
- **위치**   중앙동
- **주메뉴**   생선모듬정식
- **가격**   19,000원

카페루루흐
- **위치**   교동
- **주메뉴**   비건 밀크티
- **가격**   7,000원

어전가
- **위치**   청호동
- **주메뉴**   문어골뱅이볶음
- **가격**   40,000원

진미동치미메밀막국수
- **위치**   청호동
- **주메뉴**   명태회막국수
- **가격**   10,000원

하마식당

88생선구이

카페루루흐

즐길
거리

문우당서림

특징 책과 사람의 공간
가격 입장 무료
위치 교동

지테토

특징 종이를 재료로 한 소품샵
가격 입장 무료
위치 교동

속초아이대관람차

특징 속초 랜드마크 대관람차
가격 12,000원
위치 조양동

속초백수씨심야식당

특징 안주가 맛있는 심야식당
가격 변동
위치 동명동

추천 코스

시내 코스

1. 소호259
2. 소호카페
3. 보미네국수
4. 완벽한날들
5. 지느러미
6. 속초백수씨심야식당

속초등대 코스

1. 어반스테이 속초등대
2. 하마식당
3. 카페 우디
4. 영랑해변
5. 신유네회포장

통영
Tongyeong

워케이션 시티 통영
더휴일 디지털노마드스쿨
디어먼데이 통영
일하기 좋은 공간
추천 맛집
즐길거리
추천 코스

09

Prologue

워케이션 시티
통영

작은 어촌 마을에 무슨 일이 일어난 걸까. 통영에 워케이션 전문 브랜드가 들어서고 있다. 지역 자원을 활용해 워케이션 시티를 구축하고 있는 '더휴일', 워케이션에 최적화된 공간을 제공하는 '디어먼데이'가 자리 잡았다. 워케이션 서비스에 갈증을 느꼈다면 통영에서는 더없이 만족스러운 경험을 가져갈 것이다. 일하는 여행자를 세심하게 고려한 프로그램과 공간을 만나보자.

더휴일
디지털노마드스쿨

Info 통영시 미수해안로 72
3박 4일 30,000원

2022년 워케이션 전문 브랜드 더휴일은 '디지털노마드 스쿨'을 평창, 통영에서 오픈했다. 디지털노마드로 살아가고 있는 리더가 3박 4일 워케이션을 이끄는 프로그램이다. 공유오피스, 숙소, 제휴 카페뿐만 아니라 디지털노마드 리더의 전문 강의가 포함된 패키지로 알차게 구성되었다. 통영한산대첩문화재단과 협업한 프로젝트로 1박당 5만 원의 지원금이 포함되었다.

숙소는 어떨까?

더휴일 통영 디지털노마드스쿨에서는 거북선호텔에 머물렀다. 통영버스터미널에서 충무교를 건너면 미수동이다. 아름다운 통영대교가 바라보는 자리에 거북선 호텔이 있다. 꼭대기 층에 거북선 머리가 올려진 형태가 독특하다.

배정받은 디럭스패밀리룸은 통영대교 야경이 보이는 전망 좋은 객실이었다. 비즈니스 테이블이 통영대교를 바라보는 방향으로 있어 워케이션 기분을 내며 업무를 볼 수 있다. 다락방이 있는 복층 형태로, 작업 공간과 휴식 공간을 분리하기도 적절했다. 간단한 조식 뷔페도 포함되어 있다. 별관 3층 레스토랑 크림슨에서 조식을 제공한다. 레스토랑 크림슨은 통영운하와 통영대교가 시원하게 바라보이는 전망이다.

웰컴키트

웰컴키트에는 통영 액티비티 할인권 4종, 다이어리, 필통, 피크닉 매트가 포함되어 있다. 할인권에는 통영 케이블카, 요트투어, 디피랑 등 통영을 대표하는 여행지로 구성되어 있다.

연계 오피스

메인오피스는 통영 리스타트 플랫폼 5층 남해안 여행 라운지다. 폐조선소 너머 다도해가 보이는 색다른 풍경을 품고 있다. 누구나 무료로 사용할 수 있으며 개별 공간으로 분리된 미팅룸도 마련되어 있다. 대관, 물품보관, 보드게임 대여, 양성교육 등 다양한 서비스를 제공한다. 같은 층에는 공유오피스 해피랑도 운영 중이다. 파티션 테이블, 듀얼모니터, 사무용품이 갖춰진 오피스 공간이다.
추가로 서브오피스를 두어 일하는 공간의 선택지를 넓혔다. 통영카페 3곳에서 음료 10% 할인을 제공한다. 제휴 카페로는 라이트하우스, 일월십사일, 동피랑폴리가 있다. 거북선호텔에 가까운 카페를 선정하여 접근성을 높였다. 서브오피스로 지정된 카페이기에 오래 작업해도 눈치 보이지 않는다.

전문 강의

디지털노마드 스쿨에는 리더가 진행하는 전문 강의가 포함된다. 브랜드마케터 킴제이(@kimj_nomad)의 셀프 브랜딩 강의에 참여했다. 셀프브랜딩으로 디지털노마드가 되는 기반 마련하는 방법, 소규모 채널로 브랜드 협업을 이끌어내는 방법을 사례로 들어 알려준다. 마케터는 디지털노마드 직군에서 두 번째로 높은 비율을 차지한다. 예비 디지털노마드에게 더없이 유용한 강의 내용이다.

디어먼데이
통영

Info 통영시 통영해안로 301
1박 99,000원

지역이라고 투박한 공간만 있진 않다. 코리빙 브랜드 로컬스티치와 워케이션 브랜드 디어먼데이가 손을 잡아 통영에 세련된 공간을 만들었다. 통영의 유휴건물을 로컬스티치만의 감성으로 탈바꿈했고, 여기에 디어먼데이가 워케이션 경험을 증진시켜주는 하이엔드 서비스를 들여왔다.

로컬스티치 건물

1층은 로컬 식당과 카페, 2층은 미팅룸, 3층은 코워킹라운지와 객실, 마지막으로 4층은 공용공간으로 이루어져 있다.

3층 코워킹라운지와 코리빙하우스가 결합된 형태로 워케이션에 적합하다. 객실은 강구안 전경이 보이는 하버뷰 룸, 뷰가 없는 콰이어트 룸으로 나누어져 있다. 방마다 업무 공간이 마련되어 있어 미팅을 진행하기도 편리하다. 특히 2인실은 업무 데스크가 마주 보는 형태로 협업하기 좋다. 하지만 오래된 상업용 건물을 리디자인 했기에 화장실 배수 및 방음은 아쉽다.
객실에서 문만 열고 나가면 코워킹라운지다. 햇빛이 스미는 반투명 천장으로 식물원처럼 따뜻한 분위기가 돈다. 협업 테이블, 집중 공간, 1인 소파 등 자리 옵션도 다양하다. 진열대에 올려진 책 큐레이션도 훌륭하다.

4층 릴렉스라운지에는 항구를 향하고 있는 1인 데스크가 일정 간격으로 놓여있다. 객실 혹은 코워킹라운지에서 작업하다가 환기가 필요할 때 향하면 좋다. 공유주방에는 한데 모여 식사하기 좋은 테이블, 이동형 빔프로젝터가 있어 워크샵을 열기 적합하다.

디어먼데이 서비스

일하는 사람들을 세심하게 고려했다. 전 객실에 하이엔드 오피스 체어, 모션 데스크, 듀얼모니터가 비치되어 있어 최상의 업무 환경을 만들었다. 프리미엄 매트리스와 푸근한 침구류도 편안한 숙면을 돕는다. 디어먼데이를 통하여 공유 차량 서비스 및 오피스 제품 구매를 할인된 가격으로 만나볼 수 있다.

일하기
좋은 공간

알터웨이브
터미널 근처 오션뷰 카페

통영버스터미널에서 도보 10분이면 갈 수 있는 오션뷰 카페다. 미니멀한 인테리어로 여유롭게 집중하기 좋다. 4층 높이에 있어 건너편 능선까지 시선이 훤히 닿는다. 엄선한 플레이리스트가 스피커를 통해 고르게 닿는 차분한 공간이다.

위치 통영시 광도면 죽림해안로 96
가격 아메리카노 5,000원

트레져스커피
로컬스티치 1층 카페

부산 전포동에서 스페셜티로 유명한 카페가 통영에 생겼다. 창가 측 정사각형 테이블은 콘센트 가까이 있어, 오래 작업하기 좋은 환경을 갖췄다. 같은 공간에 '박수김밥'도 있다. 바쁠 때 간단히 점심을 해결하기 좋다.

위치 통영시 통영해안로 301
가격 아메리카노 5,000원

내성적싸롱호심
우아한 멋을 지닌 카페

전혁림미술관 옆에 자리한 운치 있는 카페다. 통영에는 예술인들이 교류하는 싸롱문화(살롱문화)가 있었다. 내성적싸롱호심은 통영 싸롱문화의 맥을 잇는 우아한 공간이다. 계단 아래 작업 테이블에 앉으면 영감을 받은 작가처럼 일이 술술 풀린다.

위치 통영시 봉수1길 6-15
가격 아메리카노 4,000원

라이트하우스
바다를 조망하는 작업 공간

통영대교 아래 등대처럼 우뚝 라이트하우스가 있다. 2층에 오르면 등대에서 바라보듯 바다를 조망하는 자리가 나온다. 힘들이지 않고 바다를 눈에 담으며 일하기 좋다. 답답할 땐 루프탑에 오르거나 미수해양공원에서 짧은 산책을 즐길 수도 있다. 라이트하우스에서 파는 디저트는 꼭 먹어보길.

위치 통영시 미수해안로 53-1
가격 아메리카노 5,000원

추천 맛집

다담아해물뚝배기

위치 항남동
주메뉴 굴탕수육
가격 15,000원

은하수다찌

위치 항남동
주메뉴 다찌
가격 2인 90,000원

돌마루

위치 미수동
주메뉴 삼겹살+해물 모듬
가격 14,000원

이타라운지

위치 문화동
주메뉴 사이폰커피
가격 7,000원

서피랑국수

위치 명정동
주메뉴 비빔국수
가격 5,000원

빌레트의부엌

위치 봉평동
주메뉴 고메생약주
가격 7,000원

돌마루

서피랑국수

즐길 거리

배양장

특징 항구마을 통창 카페
가격 아메리카노 5,500원
위치 풍화리

봄날의 책방

특징 남해의봄날 출판사 책방
가격 입장 무료
위치 봉평동

전혁림 미술관

특징 통영 예술인의 미술관
가격 입장 무료
위치 봉평동

통영활어시장

특징 생동감 넘치는 수산시장
위치 태평동

추천 코스

통영대교 코스

1. 거북선호텔
2. 라이트하우스
3. 통영해양관광공원
4. 스시집 테츠야
5. 일월십사일
6. 돌마루

강구안 코스

1. 로컬스티치 통영
2. 박수식당
3. 트레져스커피
4. 통영문화마당
5. 서피랑
6. 서피랑국수

장흥
Jangheung

지원 받고 떠나는 워케이션
장흥 한달살기 워케이션
일하기 좋은 공간
추천 맛집
즐길거리
추천 코스

10

Prologue

지원 받고 떠나는
워케이션

〈남도에서 한달 여행하기〉 프로그램을 통해 장흥 워케이션을 무료로 다녀왔다. 2019년부터 해마다 남도에서는 한달 여행하기 프로그램이 열리고 있다. 장흥, 목포, 여수, 광양 등 남도 15개 시·군에서 사업을 진행한다. 각 지자체별로 지원비, 포함 내용, 신청 조건이 다르다. 2022년에는 여러 시·군 중에서 장흥군의 지원 혜택이 독보적으로 많았다. 더군다나 장흥은 한 번도 가보지 않은 도시였다. 호기심을 안고 남해의 끝자락, 작은 시골 마을로 떠나보았다.

* 전남 이외에도 전국적으로 한달살기 지원사업이 진행된다. 봄부터 가을까지 한국관광공사 '알림' 게시판에 수많은 공고가 올라온다.
* 지자체 한달살기 지원사업은 후기 작성을 전제로 하므로 SNS 영향력이 심사기준에 포함된다. 선정 팁을 얻고 싶다면 네이버 카페 '한달살러'를 방문해보자.

장흥 한달살기
워케이션

장흥 한달살기는 일주일부터 최대 30일까지 여행 기간을 선택할 수 있다. 1박당 숙박비 7만 원, 교통비 2만 원, 식비 3만 원, 체험비 2만 원으로 일일 최대 14만 원의 혜택을 받는다. 식비까지 넉넉히 지원되어 장흥의 산해진미를 맘껏 즐길 수 있다. 탐진강 산책로, 피톤치드가 넘치는 편백숲 우드랜드, 흥이 넘치는 장흥 토요시장 등 즐길거리도 풍부하여, 슬로우 노마드로 장기 워케이션을 즐기기 좋다.

웰컴키트

장흥으로 떠나기 전 웰컴키트를 전달받았다. 편백향을 담은 챠량용 디퓨저, 칫솔치약 세트, 물티슈 등 한달살기에 필요한 아이템과 장흥 가이드북이 들어있었다. 아이템 품질이 훌륭해서 워케이션 내내 잘 사용했다.

숙소는 어떨까?

장흥에는 노트북 작업을 할만한 카페가 많지 않다. 그래서 숙소를 까다롭게 골랐다. 노트북 업무가 가능한 테이블이 있는, 그러면서도 싱그러움을 놓치지 않는 장흥 펜션 두 곳을 소개한다.

무무라

Info 장흥군 장흥읍 평화신기1길 71
1박 8만 원대

무무라는 장기 워케이셔너에게 강력히 추천하고 싶은 숙소다. 우선, 독채펜션인데도 가격이 저렴하여 오래 지내기에 부담 없다. 또한 핸드드립 세트, 다기, 와인잔 등 일상생활에 필요한 다양한 물건이 갖춰져 있다. 짐을 많이 챙겨갈 필요가 없다. 또, 이곳 무무라는 5성급 호텔 못지않은 청결을 자랑한다. 공간의 향은 물론이고 발 매트까지 관리하는 철저함을 보인다.

1층은 창이 많은데 정성스런 손길이 닿은 정원을 배경으로 한다. 하루 종일 숙소에서 일을 해도 공간에 질리지 않게 해준다. 2층에 오르면 아래와 철저히 분리된 다락 공간이 나온다. 리틀포레스트를 꿈꿨다면 이만한 숙소가 없을 것이다. 한가지 아쉬운 점은 좌식테이블만 있어 앉은 자세가 불편할 수 있다.

달바위펜션

Info 장흥군 안양면 비동동촌길 46
1박 15만 원대

달바위펜션은 비동마을에 있는 펜션으로, 장흥군청에서 차를 타고 15분 들어가야 한다. 비동마을은 골짜기 깊숙한 곳에 자리하여, 로컬라이프를 즐기기 좋다. 최근에 리모델링한 옐로우하우스는 복층 구조이다. 2층 침실 창문으로 논밭과 산이 보여 아무 생각 없이 쉬어가기 좋다. 펜션에는 정사각형 테이블이 있다. 마당 방향으로 테이블을 옮기면 푸릇한 잔디와 탐진강이 들어온다. 시골 워케이션을 즐기기 더없이 좋은 풍경이다.

일하기
좋은 공간

오차현
채광 좋고 테이블 많은 카페

서울 감성카페에 비교해도 밀리지 않을 카페다. 컨테이너 두개가 일자 형태로 연결되어 있어 자리가 다양하고 공간이 넓다. 동네주민은 물론 관광객도 많이 들르는 카페이다. 입구 쪽에 개별룸이 3개 있어 독립적으로 작업하기 좋다. 장흥 특산품 '청태전'도 주문 가능하다.

위치 장흥군 장흥읍 평화신기1길 71
가격 아메리카노 3,800원

원앤식스
장흥 최초의 커피전문점

장흥에서 최초로 문을 연 커피 전문점이다. 메뉴에 아낌없이 재료를 쓰는 디저트 맛집이다. 복층 카페로, 2층 자리에서는 탐진강이 보인다. 오래된 카페지만 무난하게 노트북을 펼칠 수 있는 공간이다.

위치 장흥군 장흥읍 동교3길
가격 아메리카노 3,500원

추천 맛집

3대곰탕
위치 예양리
주메뉴 곰탕
가격 10,000원

토정황손두꺼비국밥
위치 예양리
주메뉴 불고기버섯전골
가격 15,000원

끄니걱정
위치 예양리
주메뉴 청국장
가격 9,000원

장흥일등한우식당
위치 예양리
주메뉴 상차림
가격 2인 10,000원

잼빵스튜디오
위치 원도리
주메뉴 치아바타
가격 2,500원

시루와콩
위치 평화리
주메뉴 콩물국수
가격 10,000원

토정황손두꺼비국밥

시루와콩

즐길 거리

탐진강둔치공원

특징 장흥 러닝 코스
가격 무료
위치 건산리

정남진편백숲우드랜드

특징 피톤치드 산책로
가격 3,000원
위치 우산리

소등섬

특징 고즈넉한 무인도
가격 무료
위치 상발리

명량해상케이블카

특징 울돌목 위 케이블카
가격 17,000원
위치 학동리

추천 코스

읍내 코스

1. 무무라
2. 오차현
3. 끄니걱정
4. 원앤식스
5. 만나숯불갈비
6. 탐진강둔치공원

드라이브 코스

1. 달바위펜션
2. 시루와콩
3. 오차현
4. 정남진편백숲우드랜드
5. 장흥일등한우식당

여수
Yeosu

섬 워케이션
낭도 워케이션
금오도 워케이션
추천 맛집
즐길거리
추천 코스

Prologue

섬
워케이션

일상에서 잠시 벗어나기로 결심했다면, 이번에는 섬으로 워케이션을 떠나보자. 국내 섬들은 육지에서 동떨어져 있는데도 와이파이가 연결된다. 한국에서는 섬 워케이션을 못할 이유가 없다. 여수에는 300개가 넘는 섬이 있다. 오동도, 거문도, 금오도 등 이름난 섬부터 무인도까지 크기도 특징도 다양하다. 2026년에는 여수세계섬박람회도 예정되어 있다. 그만큼 여수에서는 섬 워케이션의 선택지가 넘친다. 특유의 여유로운 분위기를 가진 섬에서 느긋한 워케이션을 보내보자. 육지에서 잠시 떨어져 자신만의 속도를 찾을 수 있을 것이다.

* 보기엔 아름답지만, 막상 가보면 제대로 된 카페조차 없는 섬이 많다. 숙소에 테이블이 있는지, 와이파이가 되는지 사전에 반드시 확인해야 한다.

낭도
워케이션

낭도는 2020년 여수~고흥 간 대교로 연결되며 알려지기 시작했다. 공룡발자국, 주상절리 등 귀중한 명소를 가지고 있으며, 100년 동안 4대에 걸쳐 내려온 '낭도젖샘막걸리'와 '서대회무침'도 만나볼 수 있다. 정월대보름에 남장여장 여장남장 분장을 하는 특별한 풍습도 있다. 낭도에는 흥미로운 이야기가 많다. 아직까지 아는 사람만 찾는 조용한 어촌마을이지만, 조만간 입소문이 나지 않을까 싶다.

가는 방법

낭도는 여수에서 고흥까지 11개 섬을 잇는 백리섬섬길에 포함된다. 여수 시내에서 차로 1시간을 달리면 낭도에 도착한다. 낭도로 들어가는 길에 화양대교, 둔병대교, 낭도대교를 지나며 아름다운 풍경을 만날 수 있다.

낭도의아침

Info 여수시 화정면 여산길 111
예약문의 010-6421-8817

예술가들의 작품이 걸린 갱번미술길을 천천히 지나면 낭도항에 도착한다. 작은 배들이 정박해있는 항구에 낭도의아침 펜션이 있다. 최근 기존 펜션을 확장하여 신축 건물을 지었다. 섬에서 흔치 않은 깔끔한 숙소다. 침실, 주방, 거실이 함께 있는 원룸형이지만 넓은 테라스가 있어서 답답하지 않다. 테라스 의자에 앉으면 드넓은 바다가 눈에 찬다. 테라스에도 콘센트가 있어 맑은 날에는 밖에서 작업하기도 좋다.

방 안에는 커다란 테이블이 있다. 두 명이서 업무용 테이블로 써도 거뜬하다. 벤치의자도 있어서 발 받침대로 쓰면 편하다. 와이파이도 안정적이며 콘센트도 3면에 붙어있다. 3층에는 카페 '드우붓'이 있어서 커피 수혈도 가능하다.

사장님이 무척 친절하여 낭도에 다시 방문하고 싶게 만든다. 네이버 예약이 아닌 전화로 문의하면 추가 할인을 받을 수 있다.

금오도
워케이션

금오도는 '여수시가 뽑은 아름다운 섬' 1위에 선정된 곳이다. 여수에서 멀지 않고 배편도 많아 당일치기 여행지로도 인기가 많다. 조선시대까지만 해도 일반인들의 출입을 금했던 섬으로, 자연 그대로의 모습이 많이 남아있다. 특히 벼랑을 따라 조성된 금오도비렁길을 걷기 위해 연간 10만 명이 다녀간다. 여수에서 가장 아름답다는 섬으로 들어가보자.

가는 방법

금오도로 가는 뱃길은 세가지가 있다. 여수 시내의 여수여객선터미널에서 출발하는 배편, 돌산도의 신기항 여객선터미널에서 출발하는 배편, 화정면 백야도 터미널에서 출발하는 배편이다. 신기항에서 출발하는 배편이 하루 7회로 가장 많으며, 25분만에 도착한다.

남양민박(펜션)

Info 여수시 남면 금오로 1032
예약문의 010-9064-9554

대부분의 금오도 펜션은 의자가 일체형으로 되어 있는 바비큐 테이블이 놓여있다. 여행으로 방문하는 사람들이 많아서일테다. 하지만 남양민박에는 두툼한 야외테이블과 실내용 원형 테이블이 있다. 그래서 워케이션에 적합한 숙소로 판단했다. 코앞이 바다인 테라스에 널찍한 테이블이 있다. 디지털노마드의 로망으로 여겨지는 '바다 앞에서 일하기'가 가능하다. 하지만 와이파이 환경이 좋지 않아 아쉬웠다.
금오도를 즐기기엔 더할나위 없이 좋다. 금오도비렁길 5코스의 시작 지점이라 베이스캠프가 되어주며, 민박집을 통해 선상낚시, 갯바위낚시 체험도 할 수 있다. 예약은 전화나 문자로만 가능하다.

추천 맛집

낭도엄마맛집

위치 낭도
주메뉴 문어라면
가격 10,000원

낭도어부

위치 낭도
주메뉴 서대회무침
가격 2인 30,000원

상록수식당

위치 금오도
주메뉴 회정식
가격 4인 120,000원

금오도방풍가

위치 금오도
주메뉴 방풍후라이드
가격 20,000원

원식당

위치 금오도
주메뉴 방풍짜장면
가격 7,000원

즐길 거리

천선대

특징 주상절리 산책로
가격 무료
위치 낭도

장사금해수욕장

특징 금처럼 반짝이는 모래사장
가격 무료
위치 낭도

비렁길

특징 절벽 트레킹
가격 무료
위치 금오도

몽돌해수욕장

특징 맑고 청량한 바다
가격 무료
위치 금오도

추천 코스

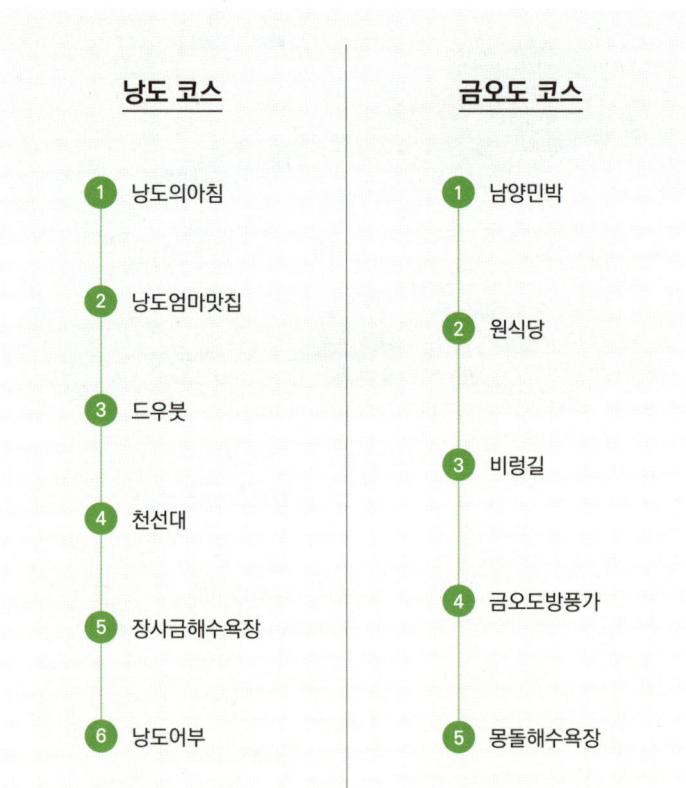

낭도 코스

1. 낭도의아침
2. 낭도엄마맛집
3. 드우붓
4. 천선대
5. 장사금해수욕장
6. 낭도어부

금오도 코스

1. 남양민박
2. 원식당
3. 비렁길
4. 금오도방풍가
5. 몽돌해수욕장

치앙마이
Chiang Mai

워케이션, 일상이 된다면
추천 숙소
코워킹스페이스
일하기 좋은 공간
추천 맛집
즐길거리
추천 코스

12

Prologue

워케이션,
일상이 된다면

따뜻한 날씨, 저렴한 물가, 맛있는 음식, 그리고 친절한 사람들. 여행하기 완벽한 조건을 갖춘 치앙마이는 일찍이 전 세계에서 온 디지털노마드들로 붐볐다. 코워킹스페이스가 하나둘 생기더니 이제는 10개가 훌쩍 넘고, 어느 카페를 가도 노트북으로 일하는 사람들이 보인다. 이들을 연결하는 문화 역시 발달했다. 코리빙하우스는 물론이고, 매주 다양한 주제로 디지털노마드 밋업(Meetups)이 열린다. 치앙마이에서는 워케이션이 일상으로 자리 잡은 모습을 만날 수 있다.
치앙마이를 즐기기 가장 좋다는 1월, 앞서가는 워케이션 문화를 접하고 왔다.

추천 숙소

치앙마이에는 한 달부터 1년 이상까지 렌트를 내놓는 숙소가 많다. 사전에 에어비앤비(Airbnb), 아고다(Agoda) 같은 숙소 예약 사이트를 이용하거나, 한국에서 중개 업체를 통해 잡을 수도 있다.

치앙마이 워케이션을 계획 중이라면 현장에서 따져봐야 한다. 숙소에 테이블은 있는지, 와이파이는 안정적인지, 장기 숙박을 해도 좋을 가격인지, 꼼꼼하게 살펴봐야 한다. 치앙마이에서 3일 동안 발품을 팔며 찾은 숙소를 공유한다. 치앙마이 주요 지역인 싼티탐(님만 인근), 치앙마이 버스터미널, 올드타운의 워케이션 하기 좋은 숙소이다.

치앙마이 롯지
Chiangmai Lodge

Info 7 Ratchpruak Rd, Huay Kaew, Tambon Chang Phuak
1개월 8900฿ (33만 원대, 보증금 별도)

싼티탐에는 장기 숙박을 하기 좋은 콘도, 레지던스가 많다. 그중에서 치앙마이 롯지는 님만에서 싼티탐으로 넘어가는 길목에 있어 접근성이 뛰어나다. 님만의 중심지 마야몰은 물론이고 올드타운까지도 도보 10분이면 간다.

킹사이즈 침대, 원목 테이블, 옷장, 냉장고, 테라스까지 있는 풀옵션 방이다. 세탁기, 헬스장은 공용으로 사용한다. 관리가 잘 되는 숙소로 몇 년씩 거주하는 사람이 많다. 웹사이트에서 예약 가능하며 1박도 머물 수 있다. 현장에서 계약하면 더욱 저렴하다.

알트 치앙마이
Alt_ChiangMai

Info 129, 1 Intrawarorot Rd, Tambon Si Phum
1개월 27,000฿ (100만 원대)

올드타운 안에 있는 코리빙 시설이다. 2021년에 오픈하여 쾌적한 시설을 자랑한다. 코워킹스페이스, 주방, 플레이룸 등 공용공간이 있어, 새로운 사람들과 교류하기 좋다. 알트 치앙마이의 Flexie룸에는 특별한 컨버터블 데스크가 있다. 데스크 위에 덱을 내리면 침대가 나타난다. 낮에는 오피스로 밤에는 침실로 확실하게 구분하여 사용할 수 있다. 알트 치앙마이는 6박 이상부터 예약 가능하다.

© Alt_ChiangMai

에스센트
Escent

Info 98 Escent Condominium, Fa Ham
1박 1,000฿ (4만 원대)

아케이드 버스터미널 쪽에는 치앙마이 최대 쇼핑몰 센트럴페스티벌(Central Festival)이 있다. 바로 그 앞에 에스센트(Escent)가 있다. 치앙마이 중심지에서 거리가 멀지만, 이 지역은 헬스장, 수영장 등 편의시설을 훌륭하게 갖춘 대형 레지던스가 많다.

분리형 원룸 형태로, 침실과 테이블이 있는 거실이 분리되어 있어 워케이션에 적합하다. 테이블에 앉으면 치앙마이 전경이 끝도 없이 펼쳐진다. 단기로 지내는 경우 에어비앤비로 예약할 수 있으며, 1년 이상 거주 시 계약도 가능하다.

코워킹 스페이스

CAMP
마야몰 5층 무료 공간

님만 마야몰 5층에 자리한 코워킹스페이스로 무려 7년 동안 한자리를 지켜왔다. 별도의 입장료는 없다. 대신 음료나 식사를 주문하면 50바트마다 와이파이 2시간 이용권을 준다. 야외 테라스 자리도 있어, 도이수텝 전망을 보며 일할 수 있다.

위치 55 Moo 5, Huay Kaew Rd. Chang Phuak
가격 무료

Punspace Wiang Kaew
마당이 있는 코워킹스페이스

치앙마이 중심지 올드타운에 2개 지점이 있다. 오래된 공장을 탈바꿈한 Wiang Kaew 지점을 추천한다. 너른 마당이 있어 분위기가 자유롭다. 코워킹스페이스 이용권을 구입하지 않아도, Burkta Coffee 카페에서 주문을 하면 야외 자리를 이용할 수 있다.

위치 10 Wiang Kaew Rd, Tambon Si Phum
가격 원데이 이용권 289฿ (약 10,000원)

One Workspace
가정집 같은 코워킹스페이스

쌘티탐 지역에 있는 코워킹스페이스이다. 2층 주택으로 포근한 가정집 같다. 공간이 크진 않아도 알차다. 폰부스, 미팅룸, 야외 테라스가 있으며, 듀얼 모니터 대여, 법률 상담 서비스도 제공한다.

위치 29 Hussadhisawee Soi 4, Chang Phueak
가격 원데이 이용권 199฿ (약 7,500원)

The story 106
불교사원 뷰

나이트바자르 방면에 있는 새로 생긴 코워킹스페이스다. 1층은 카페와 목공예품 가게, 2층은 코워킹 공간으로 운영 중이다. 우드 인테리어로 아늑하고 차분한 분위기다. 창가 자리에 앉으면 건너편에 불교사원이 보인다.

위치 200 Tha Phae Road, Tambon Chang Moi
가격 무료

일하기
좋은 공간

TCDC
크리에이티브 디자인 도서관

크리에이티브 디자인 도서관으로 치앙마이와 방콕에서 운영 중이다. 다양한 전문 서적, 매거진 열람하며 창의적인 영감을 받을 수 있다. 도서관에 비치된 아이맥도 자유롭게 사용 가능하다.

위치 1/1 Muang Samut Rd, Chang Moi Sub-district
가격 원데이 이용권 100฿ (약 3,700원)

yesterday cafe'
늦게까지 문을 여는 카페

치앙마이에서 밤늦게까지 업무를 봐야 한다면 yesterday' cafe를 추천한다. 님만에 있는 카페로 자정까지 운영한다. 길게 쭉 뻗은 형태라 시선의 방해 없이 집중할 수 있다. 건너편에 폴딩 도어를 활짝 열어놓은 공간도 있다.

위치 12 Nimmanahaeminda Road, Suthep
가격 아메리카노 69฿ (약 2,600원)

Ombra Cafe no.3
집중하기 좋은 브런치 카페

치앙마이 롯지 바로 옆에 있는 카페다. 여러 개의 방으로 공간 분리가 되어 있어 집중이 필요할 때 찾기 좋다. 맛있는 브런치와 커피 메뉴를 가지고 있으며, 저녁에는 펍으로 변신한다. 안쪽에 숨겨진 정원도 있다.

위치 3 Soodsuksa Soi 1, Chang Phueak
가격 아메리카노 65฿
(약 2,500원)

Kalm Village
전망 좋은 도서관

편집샵, 로컬 식당, 전시관 등 다양하게 구성된 복합문화공간이다. 카페를 통해 2층으로 올라가면 라이브러리가 나온다. 창밖에 야자나무가 있는 도서관으로, 튼튼한 테이블과 의자가 있어서 노트북 작업을 하는 사람이 많다. 왓 체디루앙이 보이는 루프탑도 놓치지 말자.

위치 14 Phra Pok Klao Rd Soi 4, Tambon Phra Sing
가격 무료

추천 맛집

Kwankhao Juice & Smoothie Chiang Mai

위치 올드타운
주메뉴 망고요거트
가격 50฿ (약 1,800원)

Goodsouls Kitchen

위치 올드타운
주메뉴 머쉬룸 스테이크
가격 200฿ (약 7,500원)

Khao Soy Maesai

위치 싼티탐
주메뉴 카오소이
가격 50฿ (약 1,800원)

IAMES BASECAMP Cafe & Bistro

위치 싼티탐
주메뉴 오일파스타
가격 139฿ (약 5,200원)

Adirak Pizza

위치 반캉왓
주메뉴 마르게리따 피자
가격 170฿ (약 6,400원)

Coffee waf

위치 창크란
주메뉴 카푸치노
가격 45฿ (약 1,700원)

IAMES BASECAMP Cafe & Bistro

Coffee waf

즐길
거리

Khlong Mae Kha

특징	운하마을 산책
가격	무료
위치	창크란

Wat Chedi Luang

특징	거대한 석조 사원
가격	20฿ (약 750원)
위치	올드타운

Kalare Boxing Stadium

특징	무에타이 경기
가격	500฿ (약 18,000원)
위치	창크란

North Gate Jazz Co-Op

특징	재즈펍
가격	입장 무료
위치	올드타운

추천 코스

님만 코스

1. Tong Tem Toh
2. Yellow Coworking Space
3. IAMES BASECAMP Cafe & Bistro
4. One Nimman
5. yesterday cafe'

올드타운 코스

1. Kwankhao Juice & Smoothie
2. Alt_ChiangMai
3. Bird's Nest Cafe
4. Goodsouls Kitchen
5. The North Gate Jazz Co-Op

Interview

킴제이 & 제리

자기소개 부탁드려요.

킴제이 안녕하세요. 일단 하는 킴제이 입니다. 마케터로 디자이너로 사업가로 다양한 일을 시도하는 중이에요. 지금은 1년 반 동안 여러 도시에 살아보는 경험을 하고 있어요. 저의 파트너 제리와 함께요.

제리 킴제이 파트너 제리입니다. 저는 모빌리티 산업에서 PM으로 일하고 있어요. 회사는 미국에 있고 원격근무를 하며 다양한 나라를 다니고 있어요.

두분은 동업자도 아니고 직무가 비슷하지도 않은데 디지털노마드 부부로 살고 있네요.

킴제이 저희는 여행을 하며 만났어요. 나라를 뛰어넘는 사건사고가 많았는데 자세히 이야기하려면 인터뷰가 끝나지 않을 거 같아요.(웃음) 같은 일을 하고 있진 않아도 인생에서 중요한 의미를 함께 찾아가고 있어요.

제리 디지털노마드로 살게 된 건 한국 정착 이후부터예요. 한국에서 회사를 다닐 때 스트레스가 많았어요. 일에 치이고 늦게까지 회식하는 생활이 반복되었죠. 킴제이랑 같이 살고 있는데도 얼굴을 마주하기 힘들었어요. 이상한 일상이 익숙해지고 있었죠. 그래서 새로운 방법을 함께 찾기 시작했어요.

새로 찾은 방법이 디지털노마드였군요.

킴제이 사실은 도망치듯 선택했던 거 같아요. 여러 문제를 한 번에 겪으며 혼란스러웠어요. 일단 떠나보자. 일단 떠나면 방법이 있겠지. 이런 생각으로 미국에 갔어요.

제리 우리가 무얼 해야 즐거울까 고민했어요. 다른 나라에서 새로운 문화를 접할 때 가장 즐거웠어요. 특히 킴제이는 하고 싶은 게 많은 사람이에요. 다양한 영감을 받으며 성장하는 사람이죠. 킴제이를 좋은 환경에 보내주고 싶었어요.

엄청난 서포터네요.

제리 킴제이가 하는 일을 응원하고 싶었어요. 그러려면 우리가 독립적으로 살 수 있는 환경을 만들어야 했죠. 첫 번째는 물리적으로 어디서든 일할 수 있어야 했죠. 두 번째는 시간적 독립을 얻는 거고, 마지막은 경제적 자유일 테고요.

첫 번째 스텝을 위해 원격근무가 가능한 회사를 찾았나요?

제리 처음에는 해외 원격근무 제도가 없었어요. 코로나로 원격근무가 시행 중이었지만 미국 내에서만 가능했죠. 해외 원격근무는 세금과 시차 때문에 회사 입장에서도 더 까다로워요. 입사를 하고 퍼포먼스를 지속적으로 보여주며 해외에서 원격으로 일하겠다고 요청했어요. 결국엔 회사에서 원격근무가 가능하도록 새로운 제도를 만들어줬어요.

킴제이 제리를 보면서 배운 게 많아요. 한국에서는 회사 제도를 무조건 따라야 한다 생각하잖아요. 하지만 필요한 걸 말하면 회사에서 만들어주기도 하더라고요.

회사를 상대로 원하는 걸 말하기 쉽지 않잖아요.

제리 쉽지 않죠. 그래도 원하는 게 있으면 먼저 말을 해야 돼요. 다른 사람이 주는 제안은 만족하기 어려워요. 제가 무엇을 원하는지 그 사람은 모르니까요. 말을 꺼내지 않으면 아무도 모르고 아무 일도 일어나지 않아요.

킴제이 사실 기준은 편하려고 만든 거지 절대적인 정답은 아니라 생각해요. 지난번 계약을 진행하는데 내부적으로 1년이 안 된 회사와는 마케팅 계약이 어렵다고 하더라고요. 실력을 보여줄 수 있는 서류를 전부 정리해서 보냈어요. 일단 한 번 보라고. 내부에서 살펴보고 계약을 승인해줬어요.

원하는 걸 가능하게 만드네요.

제리 자기가 원하는 걸 되게 만드는 것. 설득이죠. 만약에 제안을 했는데 안 된다면 어떻게 해야 가능한지 물어볼 수 있어요. 원하는 걸 얻기 위해 논리적으로 접근해 보는 거죠.

킴제이 설득력이 없어도 되게 만들 수 있어요. 100번 해보면 돼요. 성공 확률이 낮아도 횟수를 늘리면 되니까요. 강의를 해보고 싶은데 자리가 없으면 100번 전화를 해서 찾으면 되는 거죠. 그 한 번의 경험이 경력으로 쌓이고요.

일단 하는 킴제이네요.

킴제이 맞아요. 디지털노마드로 살며 가장 크게 배운 점이에요. 일단 해보자.

그럼 디지털노마드로 어디를 다녔나요?

제리 처음 디지털노마드로 간 곳은 미국이었어요. 뉴욕, 하와이, 샌디에고를 다니며 10개월을 살았어요. 그리고 호치민, 발리를 거쳐 지금은 치앙마이에 있어요.

원격으로 일하는 데 어려움은 없나요?

킴제이 일하는 장소보다 커뮤니케이션 능력이 더 중요해요. 지금 주력하고 있는 사업은 브랜드 기획이에요. 상품을 어떤 맥락으로 풀어내는지가 핵심 업무죠. 어디에 있든 생각을 잘 전달할 수 있다면 좋은 결과물이 나와요. 요즘은 원격으로 소통할 수 있는 툴이 많기 때문에 불편하지도 않고요.

새로 협업하는 클라이언트도 원격으로만 소통하는 건가요?

킴제이 맞아요. 8명 중에 한 명을 제외하고는 전부 비대면으로 소통하고 있어요. 그런데 제가 1~2년 차였다면 어려웠을 거 같아요. 10년 가까이 커리어를 쌓아오면서 업무 스킬이 쌓였기에 가능했던 거 같아요.

제리님 회사에서는 원격근무를 적극적으로 지원해주나요?

제리 시간을 배려해 줘요. 일방적으로 본사 시간에 맞추면 좋은 컨디션을 유지하기 어려울 거예요. 나라를 선택하는데 제약도 많을 거고요. 하지만 저희 팀은 개개인이 효율을 낼 수 있는 방법을 고민해요. 팀의 목표를 위해서죠. 서로의 시간을 배려해서 미팅을 잡아요.

미국에서 원격근무를 하다가 해외로 간다고 했을 때 회사의 반응은 어땠나요?

제리 이해해 줬어요. 해외 원격근무를 하는데 어떤 준비가 필요할지 방법을 찾아보자 했죠. 회사 직원들도 누군가의 파트너고 부모이며 자식이잖아요. 한 번에 여러 역할을 가지고 있어요. 그래서 서로의 상황을 이해하고 배려해야 하죠. 특히 가족 관련 이슈라면 다들 너그럽게 이해하는 분위기예요.

킴제이 회사가 상황을 이해해 주고 적극적으로 방법을 찾아주면 마음이 열리는 거 같아요. 굳이 회사에 거짓말을 만들어낼 필요가 없어지죠.

한국 직장에서는 가족 약속을 말하기 어렵잖아요. 문화적인 차이도 있는 걸까요?

제리 문화 차이도 존재한다 생각해요. 한국에서는 가족들이랑 저녁 약속이 있어도 말을 꺼내기 어렵잖아요. 눈치가 보이는 거죠. 솔직하게 말하는 대신에, 은행에 가봐야 한다든지 병원을 가야 한다든지 그럴듯한 변명을 찾게 돼요.

최근 한국에서도 일 문화가 새롭게 변화하고 있어요. 워케이션처럼요. 워케이션이 왜 주목받는 걸까요?

킴제이 워케이션을 경험한 사람들이 만족하니까요. 지난달 발리에서 친구들을 초대해 일주일 동안 함께 지냈어요. 그중 한국에서 제조업을 운영하는 친구가 했던 말이 기억에 남아요. 워케이션을 통해 새로운 삶을 살아봤다 하더라고요. 원하는 나라에서 원하는 음식을 먹으며 일하는 경험이 자존감을 높여준다면서요. 워케이션을 떠나면 어디를 갈지, 무얼 먹을지, 어디서 일할지 스스로 선택해야 하잖아요. 이렇게 선택이 쌓여 내면에 힘이 길러진다 생각해요.

선택지가 늘어난 거네요.

킴제이 맞아요. 예전에는 일을 한다고 하면 사무실만 생각했잖아요. 그런데 이제는 선택지가 늘어났죠. 푸릇푸릇한 창밖을 보며 일하다 수영하러 가는 삶이 가능한지 이전에는 몰랐죠.

일과 여행을 함께 하며 일어난 에피소드가 있나요?

제리 지난번 발리에 있을 때 중요한 발표가 있었어요. 전문적인 내용을 다루는 자리였죠. 자동차 산업에 대한 발표를 마치고 마지막에 숙스마(Suksma)라 말한 거예요. 발리에서 고맙다는 뜻이죠. 저도 모르게 발리 인사가 튀어나왔어요.(웃음)

눈앞에 바다를 두고 일에 집중할 수 있는 팁이 있나요?

킴제이 2시간 후에 수영하러 가자고 제리한테 말해놔요. 스스로 데드라인을 만드는 거죠. 이렇게 하면 2시간 동안 엄청난 집중력이 발휘돼요.
제리 어디를 가든 생활 패턴을 지키면 좋아요. 어디에 있든 일정하게 운동하고 밥 챙겨 먹고 잠을 자면 집중력을 유지할 수 있어요.

요즘 디지털노마드를 꿈꾸는 사람들이 많아요. 디지털노마드가 되기 위해 어떤 역량을 키우면 좋을까요?

킴제이 커뮤니케이션 능력이 중요해요. 커뮤니케이션 능력이 있으면 무슨 일이든 온라인으로 할 수 있어요. 여기에 더 나아가 세일즈 능력이 필요해요. 나를 적극적으로 알리는 액션이 중요하다 생각해요.
제리 디지털노마드가 될 수 있는 직업이 많아졌어요. 본인이 원하는 일을 찾고 시도해 봐야 해요. 자신이 원하는 업무도, 디지털노마드 라이프도, 해보지 않으면 맞는지 알 수 없으니까요.

디지털노마드 부부로 함께해서 좋은 점을 자랑해주세요.

킴제이 저와 완전히 다른 제리를 통해 세상을 두 배로 배워가요. 두 사람 사이에는 내가 있고 네가 있고 우리가 있다 생각해요. 디지털노마드로 살며 스스로도 성장하고 그러면서 우리의 세계도 함께 넓어지고 있죠.

마지막으로 워케이션을 준비하는 사람들에게 팁을 주세요.

제리 워케이션 기간에 맞게 목표를 세워야 해요. '언제까지 프로젝트 보고서 30페이지를 끝낸다'와 같이 가능하면 구체적으로요. 그래야 여행지에 가서도 흔들리지 않고 일을 할 수 있어요.

킴제이 맞아요. 해야 할 일을 구체적으로 적으면 좋아요. 그리고 정해진 업무가 마무리되면 더 욕심내지 않고요. 그럼 마음 편히 일과 여행 모두 잡을 수 있어요. 무엇보다 중요한 건 '일단 하기!' 워케이션이 궁금하다면 일단 떠나봤으면 좋겠어요.

Instagram kimj_nomad

Interview

김병훈

자기소개 부탁드려요.
퍼블리에서 엔지니어로 일하고 있는 김병훈입니다. 한 달 전에 치앙마이로 워케이션을 왔고, 떠나는 날 인터뷰를 하고 있네요.(웃음)

이전에도 워케이션을 다닌 경험이 있나요?
2022년 하반기부터 워케이션을 다니기 시작했어요. 첫 워케이션은 강릉이었어요. 강릉에서 워케이션 경험이 만족스러워 안동, 고성까지 다녀왔어요. 해외 워케이션은 이번 치앙마이가 처음이에요.

강릉 워케이션에서 어떤 경험이 좋았나요?
강릉에서 워케이션의 가능성을 확인했어요. 사무실과 집이 아닌 제3의 공간에서 업무를 할 수 있는지 검증하고 싶었거든요. 공유오피스 파도살롱에서 일을 했는데, 시설이 뛰어나진 않았지만 일하는데 부족함은 없었어요. 이런 공간이 있다면 어디로든 워케이션을 떠날 수 있겠다 확신했죠.

워케이션에 관심 가지게 된 계기가 있나요?
새로운 지역에서 새로운 경험을 하는 걸 좋아해요. 이전에 개발 수업을 들을 때도 지역을 구미로 신청했어요. 서울에도 신청할 수 있었지만, 다른 지역에 살아보고 싶었거든요. 비대면 수업으로 바뀌면서 구미에는 결국 내려가지 못했지만요.(웃음) 그때의 아쉬움을 지금 마음껏 풀고 있네요.

첫 해외 워케이션을 치앙마이로 정한 이유가 있나요?
몇 달 전만 해도 치앙마이의 존재조차 몰랐어요. 고성 바다공룡 워케이션에서 치앙마이에 대해 처음 들었죠. 그곳에서 만난 브륄리와 밍이 치앙마이에 간다고 했어요. 겨울 내내 치앙마이에 머문다길래 솔깃했죠. 해외여행을 가서 아는 사람이 있으면 재밌을 거 같았어요. 큰 고민하지 않고 치앙마이 항공편을 결제했어요.

함께 하는 워케이션은 어땠나요?
이전 워케이션은 혼자서 다녔어요. 일도 해야 하니까 같이 가야겠다는 생각을 안 했던 거 같아요. 이번에 치앙마이에서 여러 사람들과 시간을 보내며 깨달았어요. 함께 하는 사람들이 모든 경험을 풍부하게 만들어준다는 걸요. 한국으로 돌아가면 회사 동료들이랑 워케이션을 떠나보고 싶어요.

회사 동료들과 사이가 굉장히 좋은가 봐요. 해외 워케이션을 간다고 했을 때 동료들의 반응은 어땠나요?

연말 회고 때 워케이션에 대한 발표를 했어요. 치앙마이로 한 달 동안 워케이션을 떠난다고 공개적으로 말했죠. 동료들은 워케이션을 신기해하고 가보고 싶어 해요. 하지만 워케이션이 익숙하지 않다 보니 혼자 가기는 낯설어하죠. 그래서 다음 워케이션은 팀원들이랑 함께 가면 좋겠다 생각했어요.

팀 리드가 같은 기간에 치앙마이로 왔어요. 이곳에서 함께 업무도 했나요?

매일 만나서 같이 일했어요. 한국에서보다 더 자주 만났죠.(웃음) 숙소 1층에 카페로 운영되던 빈 공간을 오피스로 썼어요. 다른 사람들은 이용하지 않아서 우리만의 아지트 같았죠. 근무 시간에는 나란히 앉아서 일하고 퇴근하고 운동도 같이 다녔어요. 타지에서 일과 여행을 함께 하니 더 가까워졌죠.

퍼블리의 회사 분위기가 궁금해지네요.

확실히 퍼블리만의 조직문화가 있어요. 동료들 간 신뢰가 쌓여있어서 어떤 이야기든 솔직하게 말할 수 있어요. 치앙마이로 떠나기 전 대표님과 식사하는 자리가 있었어요. 치앙마이로 워케이션을 간다고 자연스레 말했죠. 눈치를 주거나 눈치 볼 일은 없었어요. 따뜻한 나라로 가서 좋겠다며 부러워했죠.

회사에서 믿어준 만큼 일에 집중해야겠네요.

그럼요. 원하는 공간을 선택했으면 사무실에서 일하는 만큼 효율을 내야 해요. 제가 치앙마이 워케이션을 갔는데, 이전보다 업무 효율이 좋지 않다면 신뢰가 깨지겠죠. 자율 재택근무 제도도 어그러질 수 있고요. 해외 워케이션의 좋은 선례를 만들고 싶었어요. 치앙마이에서도 업무를 계획대로 해내고 팀원들과 소통이 잘 이루어지도록 신경 썼죠.

시차로 인한 어려움은 없었나요?

치앙마이가 한국보다 2시간 느려요. 저는 시차가 느린 게 오히려 좋더라고요. 동료들이 퇴근하는 7시가 치앙마이에서는 오후 5시니까 저녁이 길어져요. 한국 가서도 한 시간씩 일찍 출근할까 생각하고 있어요.

해외 워케이션을 경험해보니 좋은 점은 무엇인가요?

겨울에 동남아 여행을 가는 사람들을 이해하지 못했어요. 겨울도 나름 좋아하는 계절이었거든요. 직접 경험해보니 알겠더라고요. 추운 겨울에 따뜻한 나라를 여행하는 게 얼마나 멋진 일인지. 한국이 한겨울일 때 치앙마이는 늦여름 날씨예요. 산책하기 완벽한 날씨죠. 1월에 초록초록한 풍경을 보며 골목 사이를 누비는 건 꿈만 같아요. 이제 겨울만 되면 따뜻한 나라로 떠날 거 같아요.

치앙마이에 오는 워케이셔너에게 추천하고 싶은 공간이 있나요?

숙소를 추천해도 될까요? 제가 4주 동안 지낸 피베리 호텔(The Peaberry Explorer Hotel)이요. 올드타운 서쪽에 있는데 님만도 가까워서 어디든 걸어 다닐 수 있어요. 1층에 자유롭게 사용 가능한 공간이 있어서 업무 보기도 편리하고요.

그리고 호텔 매니저가 정말 친절해요. 치앙마이에서 심한 감기에 걸렸는데 약을 챙겨왔더라고요. 약마다 반듯한 한글로 복용 방법이 쓰여 있었어요. 번역기까지 써서 세심하게 챙겨준 게 기억에 남네요. 숙소는 한 달에 15,0000฿ (56만 원대)예요.

앞으로 어떤 직업인이 되고 싶나요?

5년 후에는 새로운 일을 해보고 싶어요. 고향이 속초라 그런지 지역의 매력을 살리는 일에 관심이 가요. 일단은 워케이션을 이곳저곳 다녀보면서 여러 지역들을 알아보고 싶어요. 그러면서 제가 어떤 일을 하면 좋을까 생각해 보려고요.

그럼 어떤 여행자가 되고 싶나요?

지역을 진하게 경험하는 여행자가 되고 싶어요. 산책을 하는 이유도 눈앞의 풍경을 또렷하게 담을 수 있기 때문이에요. 그리고 다시 방문했을 때, 다른 사람들을 가이드할 수 있으면 좋겠어요. 이번 치앙마이 워케이션을 리드해준 밍처럼 되고 싶어요.(웃음)

Instagram kim.gam.ja

Interview

홍소영

자기소개 부탁드려요.

안녕하세요. 판교 스타트업에서 콘텐츠 에디터로 일하고 있는 홍소영입니다. 텍스트 콘텐츠를 교정하고 편집하는 일을 하고 있어요. 여기 다닌 지는 벌써 2년 반 정도 되었네요.

워케이션은 언제부터 다녔나요?

워케이션이라는 개념이 생긴 지 오래되지 않은 거 같아요. 처음 코로나 때문에 재택근무를 할 때는 상황에 적응하기 바빴어요. 하지만 재택근무를 1년 넘게 하다 보니 일과 회사에 안정감을 느끼게 되었어요. 안정감이 생기자 집이나 사무실이 아닌 곳에서도 일할 수 있지 않을까 하는 생각이 들었죠. 그렇게 처음으로 워케이션을 떠난 게 2022년 가을이에요.

어디로 가셨나요?

첫 워케이션은 3박 4일을 구례로 다녀왔어요. 출발하는 날은 이동 시간이 있어서 반차를 쓰고 떠났어요. 저는 여행을 가도 분주하게 돌아다니는 걸 선호하지 않는데요. 보통 숙소에서 쉬거나 카페를 가요. 워케이션도 크게 다르지 않았어요. 카페에 앉아 맛있는 커피를 마시며 일을 해요. 물론 노트북을 펼치는 공간이 달라지니까 여행 기분은 나고요. 청명한 가을날 화엄사 근처 카페에서 일을 하는데 얼마나 기분이 좋았는지 몰라요. 절과 산의 기운을 받는 느낌이랄까.(웃음)

워케이션을 가면 주로 카페에서 일하는 건가요?

네. 평일에 카페에 가면 일하기 정말 좋아요. 거의 혼자 있어서 일에 집중할 수 있어요. 저는 카페에 오래 앉아 있는 게 미안해서 음료랑 디저트를 함께 주문해요. 그래도 3시간 정도 있으면 답답해서 밖으로 나가요. 잠시 산책하고 다른 카페를 가거나 숙소로 돌아가요.

워케이션 가서 주로 어떤 업무를 하세요?

제가 하는 일은 노트북만 있으면 되거든요. 글을 쓰거나 고치고 회의하는 업무가 대부분이에요. 사실 책상도 크게 상관없어요. 일을 하고자 하는 마음가짐만 있으면 어디서든 집중할 수 있어요. 어쩔 때는 한없이 흐트러지지만, 이건 사무실에서도 마찬가지예요. 어디서 일하는가보다 중요한 건 마음가짐 같아요.

그럼 워케이션에서 일과 여행의 비중은 어떤가요?

워크타임 8시간은 지켜야 해요. 동료들이랑 커뮤니케이션이 되어야 하니까요. 아침에 산책을 하고 업무시간이 되면 카페에서 일하고 숙소에 돌아와서 쉬며 하루를 보내요. 주말에는 놀고요. 워케이션이라고 해서 엄청 특별한 하루를 보내지는 않아요. 새로운 곳에서 일상을 살아보는 경험을 해요.

워케이션의 장점이 뭐라고 생각하세요?
여행에 있어 선택의 폭이 늘어나요. 지난번에는 춘천의 독채 펜션으로 워케이션을 다녀왔어요. 예전부터 가고 싶던 숙소였는데 예약을 잡기 쉽지 않았어요. 그런데 수요일에 자리가 비어있는 거예요. 수요일에 재택근무를 하니까 갈 수 있었죠. 워케이션이 하고 싶어서 다녀왔다기보다는, 그 숙소를 경험하고 싶어서 워케이션을 갔어요. 독채 펜션이라 숙소에서만 편안히 있었어요. 근무시간에는 일을 하고, 저녁에는 가족들과 시간을 보냈고요.

같이 간 가족들이 여기까지 와서 일한다며 불만은 없었나요?
전혀 없었어요. 저희 부모님도 옆에서 책을 읽으며 시간을 보냈어요. 집중해서 할 때는 일을 하다가, 간식 먹으면서 수다도 떨고 그랬어요. 집이나 회사에서 일을 해도 온종일 집중하는 건 아니니까요.

부모님이랑 워케이션을 간 게 신기해요.
그 숙소가 예뻐서 부모님을 데려가고 싶었어요. 평소에 부모님이랑 여행을 자주 다니니까 워케이션이 가능했던 거 같아요. 만약 오랜만에 떠난 여행인데 제가 노트북만 잡고 있으면 서운할 수도 있겠죠? 저희는 평소처럼 일상을 보내고 공간만 바꿔서 환기했던 거 같아요.

재택근무가 있어 워케이션이 가능했던 거 같아요. 그럼 언제부터 재택근무를 하셨어요?
처음 입사 때부터 재택근무를 했어요. 분기별로 재택근무 지침이 달랐는데요. 코로나가 극심할 때는 주 5일 재택근무를 하고, 그다음에는 주 2~3회 재택근무를 하다가, 최근에는 주 1회로 변경되었어요. 지금은 수요일에만 재택근무를 하고 있어요.

재택근무가 축소된 것에 대해 불만은 없었나요?
처음에는 불만이 있었죠. 하지만 경영진의 입장을 생각해보면 이해가 돼요. 그리고 2023년부터 새로운 제도가 도입돼요. 연간 자율 재택 기간을 12일 주는 거예요. 기존 연차에다가 자율 재택까지 더하면 해외 워케이션을 떠날 수 있게 되었어요.

자율재택은 처음 들어봐요. 직원들에게 더 많은 선택권을 부여하는 거네요.

네 맞아요. 고정 재택근무가 아니더라도 다른 부분에서 직원들의 자율성을 보장해주려고 해요. 그래서 고정 재택근무가 사라졌을 때 불만을 가지고 퇴사하는 사람도 없었고요.

그럼 해외 워케이션을 계획하고 있으신가요?

대표님이 워케이션이나 디지털노마드를 해보라고 마련한 제도라서요. 태국 치앙마이로 갈까 생각 중이에요. 발리나 라오스도 가보고 싶고요. 요즘에는 안 먹어도 배부를 정도로 웃음이 떠나질 않아요.

여행을 좋아해서 워케이션을 떠나는 거 같나요?

네 그럼요. 여행을 정말 좋아하니까 워케이션을 가는 거 같아요. 자율 재택 제도를 들었을 때도 해외로 워케이션을 갈 수 있으니 쾌재를 불렀고요.(웃음) 그런데 같은 회사인데도 아예 관심 없는 분들도 많아요. 여행을 좋아하지 않는 사람들은 워케이션을 굳이 가지 않는 거 같아요.

앞으로 어떤 직업인이 되고 싶으세요?

꿈이 뭐냐라고 물으면 답하기 어렵더라고요. 어떤 직업인이 되고 싶냐는 질문은 처음 받는데, 대답할 수 있을 거 같아요. 저는 '꾸준한 사람'이 되고 싶어요. 제가 커리어에 대해 엄청 큰 욕심이 있는 편은 아니에요. 그래도 제가 하는 일을 즐겁게 오래 하고 싶어요. 일에서 소소한 행복을 누리는 꾸준한 직업인이 되고 싶어요.

그럼 앞으로 어떤 여행자가 되고 싶으세요?

여행이라는 말만 들어도 설레요. 저는 두 발이 허락할 때까지 여행을 다니고 싶어요. 자주는 아니더라도 한 번씩 여행을 떠나는 게 좋아요. 꾸준한 직업인이 되고 싶은 것처럼 꾸준한 여행자가 되고 싶어요.

마지막으로 워케이션을 준비하는 사람들에게 주고 싶은 팁이 있나요?

워케이션은 시대의 흐름을 반영해서 생겨났지만, 코로나라는 특수한 상황을 넘어 지속될 거 같아요. 워케이션을 가고 싶다면 스스로 업무에 집중하는 방법을 찾아야 해요. 그러면서 자기가 좋아하는 일을 할 수 있는 방법도요. 이제는 본인만의 방식을 찾아가는 게 무엇보다 중요하다 생각해요.

Instagram hongssssoyoung

Interview

윈쩐

자기소개 부탁드려요.

안녕하세요. 'C사'에서 콘텐츠 마케터로 근무하고 있는 원쩐입니다. 여행 떠날 기회를 호시탐탐 노리는 재택근무 하는 직장인입니다.

워케이션은 언제부터 다녔나요?

작년 7월 울릉도가 처음이었어요. 서울에서 강릉까지 가서 배를 타고 울릉도로 들어가야 하는데, 한 번에 가기 만만치 않겠더라고요. 그래서 반차와 재택근무를 활용했어요. 금요일 새벽에 기차를 타고 강릉에 도착했어요. 오전에는 바다가 보이는 카페로 출근하고 오후에는 반차를 내고 여행을 했어요. 다음날은 주말이라 여유롭게 울릉도로 들어갔고요. 돌이켜보니 여행을 효율적으로 하기 위해 워케이션을 시작했네요.

또 다른 워케이션 경험도 들려주세요.

제주도에 스쿠버다이빙 자격증을 따러 갔을 때도 워케이션을 했어요. 왜냐면 다이빙 직후에는 비행 금지 시간이 있어요. 감압병의 위험이 있어 비행기를 타려면 하루 정도 기다려야 해요. 다이빙도 안 하는데 그때까지 연차를 쓰기 아까운 거예요. 그래서 제주도 공유오피스인 '오피스제주'를 찾았어요. 공유오피스에서 일하다 퇴근하고 비행기를 타면 딱 이겠다 싶었죠.

원쩐님에게 워케이션은 시간을 잘 쓰기 위한 방법이네요?

네 맞아요. 주말에 이동하려면 차도 많이 막히잖아요. 그래서 저는 평일에 반차를 써서 이동해요. 허비되는 시간을 줄이다 보니 워케이션이 되었네요.

회사 동료들도 워케이션을 하나요?

글쎄요. 워케이션은 아직 낯선 거 같아요. 워케이션 프로그램이 있다는 걸 모르기도 하고요. 그리고 워케이션을 안다고 해도, 실제로 가는 사람은 굉장히 적을 거예요. 여행과 일에 대한 열정이 있어야 워케이션을 떠날 수 있는 거 같아요.

워케이션에서 일을 많이 하는 편인가요?

업무시간을 꽉 채워서 일해요. 워케이션이라고 집에서 근무할 때랑 크게 다르진 않아요. 특히 저는 할일을 다 끝내고 쉬는 타입이에요. 일이 남아 있는 상태에서는 마음 편히 놀 수가 없더라고요. 업무시간에는 100% 일에 집중하고, 퇴근 후나 주말에는 100% 여행을 즐겨요.

워케이션에서 휴식은 여행으로 채우는 거네요.

네 맞아요. 여행 정보 찾는 게 재밌어요.

특히 저는 먹는 데 진심이에요. 그 지역에만 있는 특이한 음식이나 현지인 맛집을 미리 다 꿰고 있어요. '오늘 뭐 먹지?'가 최대 고민이자 행복이에요.

새로운 업무 환경에서 집중할 수 있는 팁이 있나요?

마음가짐이 중요한 거 같아요. 고등학교 선생님이 해주신 말이 아직도 떠올라요. 공부 때문에 스트레스받는 애들은 공부를 안 해서 그런 거래요. 일도 마찬가지인 거 같아요. 해야 할 일이 있는데 그만큼 못했을 때 스트레스를 받는 거잖아요. 어차피 일이 있다면 몰입해서 끝내고 편히 노는 게 좋더라고요.

워케이션을 하면서 업무에 불편한 점은 없었나요?

미팅할 때가 가장 곤란해요. 카페에서 미팅을 하면 이어폰을 껴도 주변 소음이 들어가서 신경 쓰여요. 코워킹스페이스라도 미팅룸 사용이 쉽지 않더라고요. 일단 미팅룸이 많지도 않고, 예약하는 방법도 제각각이라서요. 미팅룸을 잡지 못하면 어디서 해야 할지 마음을 졸여야 하는 것도 불편해요.

한 번은 야외에서 미팅을 한적이 있어요. 미팅 중에 갑자기 까마귀 한 마리가 우는 거예요. 그러더니 주변에 있던 까마귀들도 다 같이 울기 시작했어요. 당황스러우면서도 웃음을 참을 수 없었어요.

워케이션을 하는 사람들의 특징이 있을까요?

원하는 걸 할 수 있다고 믿는 사람들이요. 디지털노마드나 원격근무 관련 유튜브를 보면 '너니까 할 수 있는 거다'라는 댓글이 많잖아요. 대부분의 사람들은 안 되는 이유를 찾는 거 같아요. 그런데 워케이션에서 만난 사람들은 달랐어요. 하고 싶은 일이 있을 때 가능성을 보고 일단 실행에 옮기는 사람들이 많았어요.

해외 워케이션 계획도 있나요?

지금 회사를 한 달에 한 번만 가고 있어서 해외 워케이션도 충분히 가능해요. 해외여행이 본격적으로 풀린지 얼마 안 되어서 아직 해보진 못했지만요. 저는 추위를 많이 타요. 겨울에 따뜻한 나라로 워케이션을 가고 싶어요.

앞으로 어떤 직업인이 되고 싶나요?

잘하는 게 뭔지 알고 그걸 강점으로 극대화하는 사람이고 싶어요. 저는 큰 그림을 잘 그려요. 어떤 아이디어가 나왔을 때 어떻게 하면 끝까지 끌고 갈 수 있는지 방향을 잘 잡을 수 있어요. 나중에는 저의 강점을 살려 사업도 도전해보고 싶어요.

그럼 앞으로 어떤 여행자가 되고 싶나요?

나이가 들면서 점점 겁이 많아지는 거 같아요. 그럼에도 불구하고 새로운 경험에 거침없이 뛰어드는 여행자이고 싶어요. 여행을 통해서 인사이트도 발견하는 사람이고 싶고요.

워케이션을 준비하는 재택근무자들에게 전해주고 싶은 팁이 있다면?

평소에 사용하는 주변 기기를 전부 챙겨가라고 말하고 싶어요. 블루투스 키보드, 마우스패드, 이어폰 등 전부 다요. 무겁다고 짐을 줄이다 보면 막상 일을 할 때 효율이 떨어지더라고요.

그리고 워케이션 프로그램을 간다면 간식과 술을 가져가세요. 여러 사람들이 모이는데 생각보다 말을 섞기 쉽지 않아요. 그럴 때 먹을 걸 주는 게 직빵이에요. 간식이나 술을 나눠 먹으면 금방 친해질 수 있어요. 다음날 업무 컨디션도 유지하려면 숙취해소제도 꼭 챙겨가세요.

Instagram __yunzhen

Interview

다제로

안녕하세요. 자기소개 부탁드려요.

여행 크리에이터 그리고 브랜드 마케터로 활동하고 있는 임다영입니다. 닉네임은 다영이란 이름에서 따온 '다제로'예요. 다제로는 '오늘의 걱정을 다 제로로 만들겠다'는 의미를 담고 있어요.

반갑습니다. 여행 크리에이터로 활동하다 직업으로 이어진 건가요?

시작은 무려 10년 전으로 거슬러 올라가요.(웃음) 고등학생 때 갑자기 '관광경영' 분야에 꽂혀서 대학 진학도 이쪽으로 했어요. 이후 대외활동을 하면서 활발하게 소셜미디어 활동을 했는데, 그러면서 자연스럽게 여행 크리에이터로 성장했어요. 꾸준히 여행 분야에 관심을 두다 보니 여행과 연관된 회사에 취업도 했어요. 일과 취미의 경계가 흐려져서 힘든 적도 있었지만 여전히 이 분야가 잘 맞고 좋아요.

좋아하는 여행이 직업이 되었네요. 그러면 브랜드 마케터로는 어떤 일을 하고 있나요?

최근까지 모먼트 스튜디오의 신규 서비스 '프레첼(Frechel)'과 '세시간전' 브랜딩과 마케팅을 맡았어요. 특히 프레첼은 제가 입사한 뒤 새로 론칭한 브랜드라서 브랜딩에 많은 관여를 할 수 있어요. 간략히 말씀드리면 이 브랜드의 아이덴티티를 정립하고 전달하는 역할이에요. 더불어 스타트업의 특성상 한 가지 업무만 할 수는 없기에(웃음) SNS 콘텐츠 기획 및 제작, 행사 기획 및 운영 등의 업무도 함께 진행했습니다.

브랜드 마케터라면 동료들과 소통이 중요하겠어요. 회사에서 원격근무를 하고 있는데 불편한 점은 없나요?

아무래도 회사에서 대면하고 소통하는 것만큼 빠르지는 않아요. 하지만 원격근무를 9개월 정도 하다 보니 비대면으로 소통하는 요령이 생겼어요. 동료들과 시간을 맞추기 위해 웬만하면 9시에 출근해요. 점심시간도 일정하게 가지고요. 정해진 룰은 아니지만 원격근무의 효율을 높이려 노력하고 있어요.

그럼 워케이션 이야기를 해볼게요. 지금까지 워케이션으로 어디를 다녀왔나요?

처음에는 전북 한달살기 프로그램에 참여해서 다녀왔어요. 다음에는 서울산업진흥원에서 지원하는 삼척 워케이션 프로그램에 갔고요. 어쩌다 보니 두 번의 워케이션을 회사 팀원들이랑 다녀왔네요.(웃음)

지원 프로그램을 적극적으로 활용했네요.
여행 정보를 많이 찾다 보니 유용한 프로그램을 발견할 수 있었어요. 회사도 새로운 경험에 열려있어 쉽게 지원할 수 있었고요. 특히 삼척 워케이션은 직원 전체가 함께 갔어요. 그때 인당 8만 원씩 추가 비용이 들었는데 대표님이 지원해주셨죠!

워크샵과 워케이션의 다른 점은 무엇이라 생각하나요?
워크샵은 레크레이션에 가까운 형태 같아요. 워크샵에서는 체육대회, 등산처럼 단합 활동이 주를 이루잖아요. 반면 워케이션은 일에 초점이 잡혀있어요. 근무환경이 갖춰져 있는 걸 전제로 하고 떠나기에 장소만 바꿔서 일을 하는 거죠.

동료들과 함께하는 워케이션에서 일과 휴식의 비중은 어땠나요?
워케이션을 가면 새벽까지 일을 해요. 전 주로 워케이션을 갔을 때 낮에는 콘텐츠 취재를 하고 밤에는 밀린 업무를 봤어요. 삼척에서도 마찬가지였고요. 일과 휴식의 밸런스를 맞추기 힘들었어요.

일의 비중이 높은 워케이션이네요.
맞아요. 그래도 저희 멤버들이 워낙 여행을 좋아해서 여행지로 출근할 수 있음에 감사함을 느껴요. 바쁘고 힘들어도 밖에 나오니까 좋다고 생각해요. 긍정적인 동료들이랑 함께 해서 저도 즐겁고요.

혼자서도 워케이션을 갔던 경험이 있나요?
그때는 워케이션이라고 생각하지 않았는데 돌아보니 맞더라고요. 저는 크리에이터로 활동하면서 여행을 많이 다녔어요. 크리에이터들도 어디 다닐 때 노트북을 꼭 챙기거든요. 그때부터 워케이션이 시작되지 않았나 싶어요.

혼자 가는 워케이션 vs 팀원들과 가는 워케이션 하나를 고른다면?
팀원들이랑 가는 워케이션이 더 좋아요. 함께 가면 느슨한 연대감이 있어서 일하기 싫어도 책상에 앉게 되더라고요. 괜히 눈치가 보여서 집중하게 돼요.(웃음)

워케이션을 가면 주로 어디서 일하는지 궁금해요.
카페나 코워킹스페이스도 써봤는데 숙소에서 가장 집중이 잘 돼요. 개운하게 씻고 책상에 앉으면 일이 잘 풀려요. 그래서 워케이션을 가면 숙소는 주로 호텔로 잡아요. 웬만한 호텔에는 작업하기 편한 책상이 있으니까요.

그럼 휴식 시간은 어떻게 보냈나요?

쉴 때는 아무것도 안 해요. 일반적으로 베케이션(Vacation)이 쉬는 역할을 할 텐데요. 제 직업 특성상 여행을 가도 취재를 계속해야 하기 때문에 쉴 수가 없어요. 그래서 카메라, 노트북, 핸드폰 없이 가만히 멍 때리는 게 저의 휴식 방법이에요.

평소 업무 환경과 다른 곳에서 일에 빠르게 몰입하는 방법이 있나요?

급하면 집중이 잘 돼요.(웃음) 급하지 않은 일을 빨리 끝내고 싶다면 스스로 마감시간을 만들어요. 어떤 업무를 몇시까지 끝내겠다 정해놓으면 업무 효율이 올라가요. 나만의 데드라인을 만들어서 집중력을 높이는 거죠.

워라블 vs 워라밸 어떤 걸 추구하나요?

이전 회사에서는 워라밸에 집착했어요. 일을 최대한 빨리 끝내고 나만의 시간을 확보하고 싶었죠. 회사가 마음에 들지 않아서 워라밸을 챙겼던 거 같아요. 지금은 워라밸에 대한 압박을 내려놓았어요. 놀러 갔다가 일이 생기면 노트북을 펼치기도 하고, 일하다가도 여유가 있다면 친구를 만나러 가기도 해요. 유연하게 밸런스를 만들어가고 있어요.

앞으로 어떤 직업인 & 여행자가 되고 싶나요?

여행을 잘하는 직업인이 되고 싶고, 일을 잘하는 여행자가 되고 싶어요. 어느 하나에 쏠리지 않고 밸런스 있게 유지하면서요. 일과 여행을 함께 즐기며 성장해가고 싶어요.

Instagram dazero_o
Youtube DazeroFilm

Interview

채꽃순

자기소개 부탁드려요.

안녕하세요. 저는 뜨거운 해와 바다를 사랑하는 낭만주의 여행자 채꽃순입니다. 현재 여러 가지 일을 하고 있어요. 여행 상품 기획 및 마케팅 일을 주로 하고 있고, 개인적으로는 워케이션과 여행을 주제로 콘텐츠를 만들고 있어요. 최근에는 프리랜서 에디터로 활동하며 해외에 거주 중인 독자들을 위한 글도 쓰고 있습니다.

정말 다양한 일을 하시네요. 채꽃순이라는 닉네임은 어떻게 지었는지 궁금해요.

최근에 새로 만나는 분들이 많아져서, 이 질문을 많이 받은 것 같아요.(웃음) 예전에 플로리스트로 활동하면서 꽃순이라는 이름을 갖게 됐는데, 그때부터 자연스럽게 친구들도 꽃순이라 불렀어요. 대학교 졸업식 때도 현수막에 제 이름보다 '꽃순이'라는 이름이 더 크게 박혀있을 정도였어요. 7년째 꽃순이라 불리면서 이제는 애정하는 닉네임이 되었네요.

꽃순님은 워케이션이 트렌드가 되기 전부터 다녔잖아요. 지금까지 워케이션으로 어디를 가보셨나요?

맞아요. 한 번 정리를 해보니까 정말 많이 다녔더라고요. 거제도 청년 프로그램에서 워케이션을 처음 접하고, 국내 곳곳을 다니기 시작했어요. 거제도, 여수, 포항, 부산, 공주, 통영, 충주, 양양, 강릉, 영월로 워케이션을 다녀왔네요.

워케이션 경험만 10번이 넘는데, 그 중에서 기억에 남는 워케이션이 있나요?

모든 워케이션이 다 기억에 남는데, 가장 특별한 에피소드가 있었던 건 영월 워케이션이에요. 영월에서 숙소가 리조트 패밀리룸이었거든요. 혼자 워케이션을 갔다가 마지막 날에 가족들을 초대했어요. 가족들이 오기 전까지 할일을 끝내고 저녁에는 바베큐 파티를 했죠. 자연 속에서 일도 하고 가족들이랑 시간도 보냈어요. 그래서 여러모로 만족스러운 경험이었죠. 워케이션 기간 중 하루 정도는 가족들을 초대할 수 있겠다 생각했어요. 지난 번에 공주로 워케이션을 갔을 때도 돌아오기 전날 아빠를 불렀어요. 2인 이상 주문만 받는 전골집에 함께 갔어요.(웃음)

워케이셔너는 디지털노마드와 무엇이 다르다 생각하나요?

디지털노마드는 디지털 기기로 일하며 시간적·공간적 자유를 누리는 사람들 모두를 칭하잖아요. 예를 들어 전업 투자자나 온라인 유통사업자도 디지털노마드일 수 있죠. 하지만 모든 디지털노마드가 '여행자'는 아니라고 생각해요. 저는 워케이셔너를 디지털노마드에 속해 있는 하나의 범주로 보고 있어요. 디지털노마드 중에서도 일과 여행을 모두 사랑하는 사람들이요. 시간을 내어 여행을 다니고, 여행을 즐기며 일하는 사람들이 워케이셔너가 아닐까요.

그럼 꽃순님은 워케이셔너인가요?
네. 제 라이프스타일 자체를 워케이션이라고 봐요. 저는 여행과 일 모두를 사랑하는 사람이거든요. 처음 워케이션 역시 비슷한 의문에서 시작됐고요. '나는 여행도 좋고 일도 좋은데, 평일은 일, 주말은 여행, 이렇게 꼭 나뉘어 있어야 할까? 둘을 합칠 수는 없는 걸까?' 하면서요. 사람들마다 어디까지를 일과 여행의 범주로 생각하는지는 다르겠지만, 저에겐 워케이션에서 베케이션(Vacation)의 범위가 꽤나 너그러운 편이에요. 집이나 사무실 같은 일상적인 공간을 벗어나서 일하면 그 자체로 워케이션이라 생각해요. 굳이 관광지를 찾아가지 않아도요. 그런 의미에서 저는 워케이셔너로 살고 있어요.(웃음)

10개가 넘는 직업을 경험해보셨어요. 어떤 직업적 특징이 워케이션을 하기 좋을까요?
워케이션의 가장 큰 포인트는 '공간'이에요. 그렇기에 직업적 특징부터 공간적 제약이 적어야 하죠. 지금 하는 일은 노트북만 있으면 돼요. 머리에서 아이디어만 나오면 되죠.(웃음) 오히려 여기저기 더 돌아다녀야 해요. 이전에 핸드메이드 사업을 운영한 적이 있어요. 수익성이 좋았는데 작업하는 물품과 재고 때문에 한 곳에만 머물러야 했죠. 플로리스트로 일할 때도 온도에 예민한 꽃들을 위한 공간적 환경이 필요했고요. 여러 직업을 경험하면서 공간 제약이 적고, 제가 좋아하는 일을 찾게 되었어요.

워케이션에서 일과 휴식의 비중은 어떤가요?
일 8 휴식 2요. 워케이션에서는 일에 비중을 많이 둬요. 보통 하루만 쉬는 날로 정하고 다른 날에는 일에 집중해요. 여행에 대한 욕심을 내려놓을 때 만족스러운 워케이션 되는 거 같아요. 어차피 일할 거 바다 앞에서 하자는 거지, 바다에 놀러 가자는 게 아니니까요. 여행과 워케이션을 확실히 구분해야 돼요.

워케이션을 가면 어디서 일하나요?
업무에 따라 숙소, 카페, 코워킹스페이스를 골고루 이용해요. 숙소에서는 핸드폰으로 해결할 수 있는 일을 주로 해요. 저는 인스타그램 콘텐츠는 핸드폰으로만 편집해서 주로 숙소에서 작업을 해요. 그리고 타자를 쳐야 하거나 리서치가 필요한 업무는 카페나 코워킹스페이스에서 하고요.

새로운 환경에서 일에 몰입하는 방법이 있나요?

자신이 어떤 환경에서 집중이 잘 되는지 알아야 해요. 사람마다 집중이 잘 되는 환경은 달라요. 저는 이걸 '에너지 레벨'이라고 칭하는데요. 어떤 이들은 시간에 따라 에너지 레벨이 다르기 때문에 미라클 모닝이나 미라클 나잇과 같은 방식을 선택하기도 하고, 또 어떤 이들은 밝기에 따라 달라지기도 하고요. 자신의 에너지 레벨이 언제 높은지 알고, 그에 맞는 환경을 선택하면 새로운 곳에서도 몰입에 도움이 돼요. 저는 시야가 탁 트인 공간에서 에너지 레벨이 높거든요. 그래서 주로 바다가 보이거나, 통창이 있는 채광 좋은 공간에서 효율이 높아져요.

앞으로 어떤 직업인 & 여행자가 되고 싶나요?

흔히 선한 영향력을 주는 사람이 되고 싶다 하잖아요. 저는 에너지 영향력을 주는 사람이 되고 싶어요. 새로움에 망설이는 사람들에게 열정적이고 긍정적인 에너지를 주는 일을 하고 싶어요.

여행자로는 영원히 청춘이고 싶어요. 나이는 되돌릴 수 없잖아요.(웃음) 여행을 통해서 그 순간만이 줄 수 있는 낭만을 느끼고, 청춘이다 싶은 순간들을 오래오래 만들어가고 싶어요.

Instagram kkotsoonee

Foliwork

Busan workation

Connecting work & life

Hello　Join now

Hotels

부산 도심야경을 보며 최고의
휴식을 경험할 수 있습니다.

아바니 센트럴 부산 호텔
부산광역시 남구 전포대로 133

Offices

코워킹 스페이스 "폴리워크"
공유 오피스 "위워크"를 함께
이용하실 수 있습니다

 Call 문의전화
051-714-2855

Programs

폴리워크만의 프로그램을
경험하세요
**해양 액티비티부터
기업역량강화 워크샵까지**
시즌별로 추가되는 새로운
프로그램을 놓치지마세요!

워케이션 가이드북

12개 도시 워케이션 AtoZ

2쇄 발행	2023년 4월 21일
글·사진	이지선
디자인	김은별
출판사	노마드웍스
주소	경기도 용인시 기흥구 강남서로 9, 7층 703호
이메일	nyj01371@gmail.com
ISBN	979-11-982393-9-6

이 책은 저작권법에 의해 보호를 받는 저작물입니다.
저작권자의 승인 없이 전체 또는 일부를 재사용하는 행위는 저작권법에 의해 금지되어 있습니다.